Für Steven

Halli, halli, hallo so geiht't na Bremen to!

Ein Weihnachtskochbuch

von Christiane Schabel-Becker

Impressum

Bibliografische Information der Deutschen Bibliothek

Die Deutsche Bibliothek verzeichnet diese Publikation in der Deutschen Nationalbibliografie; detaillierte bibliografische Daten sind im Internet über http://dnb.ddb.de abrufbar.

Erste Auflage

28219 Bremen, Auricher Straße 28
Telefon: 04 21 / 39 56 81
Telefax: 04 21 / 39 56 18
E-Mail: info@schabelbecker.de
www.schabelbecker.de

Grafische Gestaltung: Jürgen Schabel, Bremen

Druck: ASCO STURM Druck, Bremen

Printed in Germany

ISBN: 3-9803378-2-0

Inhalt

Vorwort

Bremen ist eine liebenswerte Stadt, selbstverständlich nicht nur zur Weihnachtszeit. Doch besonders in dieser Zeit erstrahlt die Stadt in zauberhaftem Glanz. Die Innenstadt verwandelt sich in ein Lichtermeer und lässt ihre Besucher die dunklen Wintertage vergessen. Im historischen Ambiente zeigt sich Bremen einladend, heiter, freundlich und sinnlich. Grund genug einmal genau hinzuschauen, was es da zu entdecken gibt.
Lassen Sie sich zu einem Bummel über den Weihnachtsmarkt einladen, öffnen Sie ein Türchen vom Weihnachtskalender, lassen Sie sich von den Bremer Nikolausläufern „Halli, halli, hallo, so geiht't na Bremen to." zurufen, probieren Sie einige alte und neue Bremer Lieblingsrezepte. In Bremen gibt es alles, was Sie für das weihnachtliche Schlemmen außerdem noch benötigen; sind doch Kaffee, Tee, Schokolade, Bier und Wein hier zu Hause.
Gibt es eine schönere Art eine Stadt, ihre Menschen und ihre Gepflogenheiten kennen zu lernen, als mit diesen Menschen zu essen, zu trinken, mit ihnen ihre Feste zu feiern und ihren Geschichten zu folgen?
Liebe geht durch den Magen, sicher auch die Liebe zu einer Stadt.

Der Stern

Hätt einer auch fast mehr Verstand
als wie die drei Weisen aus Morgenland
und ließe sich dünken, er wär wohl nie
dem Sternlein nachgereist wie sie;
dennoch, wenn nun das Weihnachtsfest
seine Lichtlein wonniglich scheinen läßt,
fällt auch auf sein verständig Gesicht,
er mag es merken oder nicht,
ein freundlicher Strahl
des Wundersternes von dazumal.

Wilhelm Busch

Suppen

Hochzeitssuppe

Hochzeitssuppe gibt es in Bremen nicht nur zur Hochzeit. Sie gehört hier selbstverständlich zu fast jedem Festtagsmenü. In zahlreichen Restaurants ist Hochzeitssuppe als Vorspeise auf der Speisekarte zu finden. Allerdings verlangt die Zubereitung etwas Zeit und Erfahrung.

Zutaten für 6-8 Personen: *1 Suppenhuhn (ca. 1 kg) 1 Bund Suppengrün, Salz, Pfeffer, 1 dünne Stange Porree, 200 g Möhren, 100 g Blumenkohlröschen, 200 g Spargelstückchen, 50 g Staudensellerie, Petersilie, Liebstöckel*

Das Suppenhuhn waschen, trockentupfen, Suppengrün putzen und in kleine Stückchen schneiden. Nun das Ganze in einem großen Topf in 2½ Liter kaltem Wasser mit 1 Esslöffel Salz und etwas Pfeffer bei großer Hitze zum Kochen bringen, danach Hitze reduzieren und das Huhn bei etwas geöffnetem Deckel köcheln lassen, bis das Fleisch weich gekocht ist. In dieser Zeit können Fleischklößchen und Eierstich zubereitet werden.
Sobald das Hühnerfleisch gar ist, den Topf vom Herd nehmen. Staudensellerie und das übrige Gemüse putzen, Möhren, Porree und Staudensellerie in feinste Streifen schneiden. Das Suppenhuhn aus

der Brühe nehmen. Die Brühe durch ein Sieb gießen. Das Gemüse in der Brühe etwa 5 bis 7 Minuten bissfest kochen. Nun das Hühnerfleisch von den Knochen lösen, in mundgerechte Stücke schneiden und in der Suppe erhitzen. Die Suppe mit Salz und Pfeffer abschmecken. Vor dem Servieren Fleischklößchen und Eierstich in die Hochzeitssuppe geben, erhitzen, aber nicht aufkochen.

Für die Fleischklößchen: *200 g Rinderhackfleisch, 1 Eigelb, 2 Esslöffel Schlagsahne, 2 Esslöffel Paniermehl, 1 kleine Zwiebel, gewürfelt, etwas Muskat, Salz, Pfeffer*

Aus den Zutaten einen Fleischteig bereiten. Mit angefeuchteten Händen haselnussgroße Klößchen formen, in Salzwasser gar ziehen, nicht kochen lassen. Wenn die Klößchen nach oben steigen, sind sie fertig. Man nimmt sie heraus und lässt sie abtropfen.

Eierstich: Wer selbst Eierstich herstellen möchte, sollte dafür genügend Zeit einplanen. 2 Eier werden mit 100 ml Milch, Salz und etwas Muskat mit einer Gabel tüchtig gequirlt. Nach Wunsch können fein gehackte Kräuter zugefügt werden. Die Eierstichmasse wird entweder in eine ausgebutterte Form gefüllt, die mit Alufolie verschlossen wird, oder man gibt sie in einen Gefrierbeutel. Form oder Gefrierbeutel werden in ein Wasserbad mit siedendem Wasser gestellt. Das Wasser für einen Moment zum Kochen bringen, danach darf es nicht mehr kochen. Nach 20-25 Minuten die gestockte Eierstichmasse kalt stellen und später in etwa 5 mm dicke Scheiben schneiden. Nach Wunsch können mit Garnierausstechern auch dekorative Figuren ausgeschnitten werden.

Peterzillje, Soppenkruut
wasst in usen Garten.
Us Marie, de is de Bruut,
schall nich lange warten.
Roden Wien – witten Wien,
morgen schall de Hochtied sien.

Fischsuppe

750 g Fisch (z. B. Seelachs, Kabeljau oder Rotbarsch), 1 Zitrone, 2 Bund Suppengrün, 100 g durchwachsener Speck, ½ Teelöffel Thymian, 3 Esslöffel Tomatenmark, Salz, Pfeffer, 1 Teelöffel Sojasoße, 40 g Mehl, 3/8 Liter Sahne

Den in Scheiben geschnittenen Fisch mit Zitronensaft beträufeln und stehen lassen. Das geputzte Suppengrün klein schneiden. Speckwürfel ausbraten, das Suppengrün darin andünsten. Einen Liter kochendes Wasser zugießen, mit Thymian würzen und Tomatenmark zugeben. Die Suppe zehn Minuten kochen lassen, salzen, pfeffern und mit Sojasauce würzen. Mehl mit Sahne anrühren, die Suppe damit binden. Fischschnitten in die Suppe legen und bei schwacher Hitze in etwa 15 Minuten gar ziehen lassen. Fischschnitten vorsichtig herausheben und auf vier Teller verteilen. Die Suppe noch einmal würzen und über die Fischschnitten füllen.

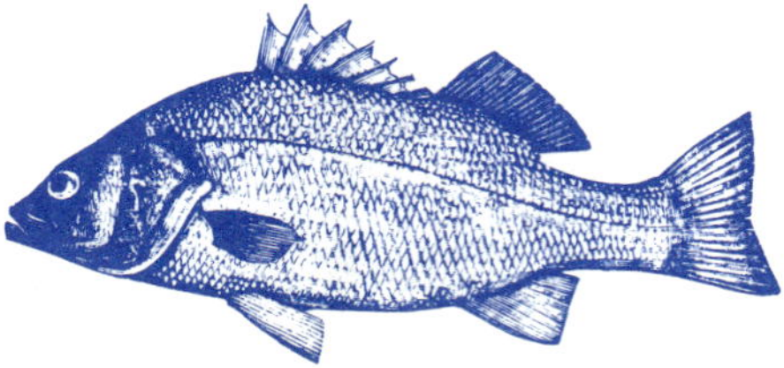

Currysuppe

75 g Fett, 1 klein geschnittene Zwiebel, 1 geraspelter Apfel, 1 in Scheiben geschnittene Banane, 2 kleine Scheiben Ananas in Stückchen, 1 l Hühnerbrühe oder Gemüsebrühe, 50 g Mehl, 125 ml saure Sahne, 1½ gestrichene Esslöffel Curry, ½ Teelöffel gemahlener Ingwer, Salz, Pfeffer, Paprika

Die Zwiebeln im zerlassenen Fett dünsten, mit Brühe auffüllen, geraspelten Apfel, Bananenscheiben, Ananasstückchen zufügen, aufkochen lassen und mit Mehl und saurer Sahne binden. Zum Schluss die Suppe mit Curry, Ingwer, Salz, Pfeffer und Paprika würzen und abschmecken.

Variante: Die Currysuppe schmeckt auch gut, wenn mit den Zwiebeln etwa 200 g mit Salz und Pfeffer gewürztes Hackfleisch mitgekocht wird.

Mitternachtssuppe

500 g zartes Schweinefilet (oder 500 g Hackfleisch), 3 Esslöffel Öl, 1 klein geschnittene Zwiebel, etwas Mehl, 3 Esslöffel Curry, Salz, Pfeffer, 2 Esslöffel Tomatenmark, 500 g Maiskörner, 200 ml Sahne, 1 Teelöffel Oregano, Cayennepfeffer

Schweinefilet waschen, trockentupfen und schnetzeln. Filet (oder Hackfleisch) mit der Zwiebel in einem Topf mit Öl anbraten, mit Mehl bestäuben, 2 l Wasser zugießen und mit Curry, Salz, Pfeffer kräftig würzen und abschmecken, Tomatenmark und Mais zufügen. Die Suppe unter Rühren aufkochen, die Sahne einrühren, Oregano hinzugeben, mit einer Prise Cayennepfeffer würzen und abschmecken.

Bremer Kartoffelsuppe mit Krabben

500 g rohe, geschälte Kartoffeln, 1 Bund Suppengrün, etwas Petersilie, 1 Zwiebel, 2 Esslöffel Öl, 1½ l Gemüse- oder Fleischbrühe, Salz, Pfeffer, 1 Bund Schnittlauch, 200 g Krabben

Kartoffeln und Suppengemüse waschen und in kleine Stückchen schneiden. Öl in einen Topf geben, Gemüse und Kartoffeln darin dämpfen und mit der Gemüse- oder Fleischbrühe auffüllen. Die Kartoffeln langsam gar kochen. Die Kartoffeln mit einem Kartoffelstampfer etwas zerkleinern, damit die Suppe sämiger wird, salzen, pfeffern, abschmecken, mit Schnittlauch garnieren. Zum Schluss die Krabben in die fertige Suppe geben.

Fleischgerichte und Geflügel

a) Fleischgerichte

Zu Weihnachten und an Silvester wird in Bremen vom „Fullbuuksabend“ gesprochen. Ein voller Bauch ist in dieser Zeit stets die Folge von zahlreichen Einladungen zum Essen mit Verwandten, Bekannten und Freunden. Der liebe Besuch wird mit den schmackhaftesten Festtagsbraten und Speisen verwöhnt.
Das Schlemmen zur Weihnachtszeit ist auf eine alte Tradition zurückzuführen, der mit dem Beginn des Jahres zu tun haben soll. Wie durch eine Art Zauber soll es demnach das ganze Jahr über genügend Nahrung geben, wenn das Essen auch zu Beginn des Jahres im Überfluss vorhanden ist.

Lammragout mit Wirsing

80 g durchwachsener Speck, 1 Zwiebel, 1 Knoblauchzehe, 800 g Lammfleisch, ½ l Fleischbrühe, Salz, Pfeffer, Muskat, 800 g Wirsingkohl, 250 g Möhren, 4 Esslöffel Sahne, je 1 Bund Schnittlauch und Petersilie

Speckwürfel ausbraten, Zwiebelwürfel und zerdrückte Knoblauchzehe darin andünsten. Das Lammfleisch in Würfel schneiden und anbraten.

Fleischbrühe dazugießen, mit Salz, Pfeffer und Muskat würzen. 40 Minuten garen lassen. Wirsingkohl putzen, waschen und in breite Streifen schneiden. Karotten schälen. Wirsing und Karotten noch etwa 20 Minuten mit dem Fleisch mitgaren. Schnittlauch und Petersilie fein schneiden und vor dem Anrichten unter den Eintopf mischen.

Irish Stew

Das vorige Rezept für Lammragout mit Wirsing kann nach Wunsch verändert werden: Anstatt Wirsing kann Weißkohl verwendet werden. In der Fleischbrühe werden 500 g geschälte, gewaschene, in dünne Scheiben geschnittene Kartoffeln gar gekocht.

Salzbraten

Mit diesem Lieblingsrezept erfreut Gustav Schäfer seine Gäste. Salzbraten ist mittlerweile ein Geheimtipp unter guten Freunden, Nachbarn und Verwandten geworden. Der knusprige Braten ist schnell zubereitet und während er gemütlich im Backofen brutzelt, lassen sich alle weiteren Vorbereitungen für ein gelungenes Beisammensein treffen.

Zutaten für 8-10 Personen: *3000 g Schweinenacken ohne Knochen, Salz, Pfeffer, Senf*

Für die Salzgrundlage: *6 Päckchen Salz (je 500 g)*

Den Braten mit Senf einreiben und kräftig mit Salz und Pfeffer würzen. Einen Bräter etwa 3 cm hoch mit Salz auffüllen. Den Braten lose auf das Salz legen und den Bräter (ohne Deckel) auf mittlerer Schiene in den auf 180 °C vorgeheizten Ofen schieben. Die Garzeit für den Braten beträgt 3 Stunden. In dieser Zeit sollte der Backofen nicht geöffnet werden!

Nun den Salzbraten herausnehmen und von der Unterseite des Salzbratens das Salz mit einem Küchentuch abreiben. Der Braten wird nun am besten von der Unterseite aus in Scheiben geschnitten.

Zu Salzbraten schmeckt Krautsalat, Kartoffelsalat oder Weißbrot und ein kühles Bier.

Variante: Salzbraten gelingt auch mit Kassler Nackenfleisch. Das Fleisch braucht dann nicht mehr gewürzt zu werden. Die Garzeit verringert sich um eine halbe Stunde.

Vorsicht: Egal wie groß der Salzbraten ist, er benötigt immer die vorgeschriebene Garzeit und Salzmenge!

Wiehnachtenabend

Wiehnachtenabend
denn gaht wi na baben,
denn pingelt de Klocken,
denn danzt de Poppen,
denn drinkt se Wien,
denn slacht se'n Swien. –
In Grootvadders Huus,
dor piept de Muus.

Kalbsbraten

Von vielen älteren Bremer Gerichten ist Kalbsbraten ein grundlegender Bestandteil. Kalbsbraten ist auch eine wichtige Zutat im Bremer Heringssalat.

1,2 kg Kalbsnuss, 1 Esslöffel Salz, 100 g Speckscheiben, 50 g Butter, ein paar getrocknete Pilze, 200 ml saure Sahne, 8 g mit 2 Esslöffel Wasser angerührtes Mehl

Den Braten kurz unter kaltem Wasser abspülen und mit einem sauberen Tuch abtrocknen. Das Bratfleisch von Haut und Sehnen befreien, vor dem Braten leicht mit Salz einreiben. Das vorbereitete Fleisch in das heiße Fett geben, von allen Seiten anbraten und in den heißen Backofen (180-200 °C) schieben.

Während des Bratens wird das Fleisch öfters mit Bratensaft übergossen und nach Bedarf gewendet. Zu Kalbfleisch sollte man nie Wasser nachgießen, es wird sonst faserig. Wenn der Braten nach etwa 50 Minuten gar ist, wird er herausgenommen. Nun wird der Bratensaft mit etwas Wasser von der Pfanne gelöst und aufgekocht. Nach Belieben die Sauce mit etwas saurer Sahne oder mit etwas kalt angerührtem Mehl andicken.

Gefüllte Schweinelendchen

4 Schweinelendchen (je 150 g), Salz, grob geschroteter Pfeffer, 1 Teelöffel Thymian, 2 Esslöffel mittelscharfer Senf, 2 Esslöffel Hagebuttenmarmelade, 6-8 dünne Scheiben roher Schinken, 100 g Edelpilzkäse, 3 Esslöffel Öl, 2 Esslöffel Honig, Tomatenketchup, Essig, 1 Esslöffel Kräuter der Provence, 4 cl Weinbrand, 1 Zwiebel, 400 g frische Champignons, 0,2 l Glas Rotwein, 3/8 Brühe, 1 Schuss Sahne

Die Lendchen waschen und trockentupfen. Der Länge nach aufschneiden, aber nicht auseinander schneiden. Die Lendchen mit Salz und Pfeffer würzen. Thymian, Senf und Hagebuttenmarmelade

vermischen und das Fleisch damit bestreichen. Die Hälfte des Specks auf die Lendchen legen und den in Scheiben geschnittenen Edelpilzkäse darüber verteilen. Die gefüllten Lendchen mit Zahnstochern zusammenstecken.
Fett erhitzen und die Lendchen darin anbraten, anschließend im Backofen bei 200 °C 15-20 Minuten garen lassen.
Honig, Ketchup, Essig, Kräuter der Provence und Weinbrand miteinander vermischen und kurz vor dem Ende der Garzeit über die Lendchen streichen.
Die gehackte Zwiebel glasig schwitzen. Die restlichen Schinkenscheiben klein schneiden und dazugeben. Rotwein und Brühe und zum Schluss die Sahne unterrühren.

b) Geflügel

Gefüllte, geschmorte Gans

In alter Zeit galt die fette Gans als Symbol der Fruchtbarkeit. Gänse wurden früher hauptsächlich wegen ihrer Federn gehalten. Aus den Schwungfedern der Flügel wurden Schreibfedern hergestellt. Mit Gänsefedern wurden Kissen und Polster gefüllt.

Bevor es Gänse zu Weihnachten als Festessen gab, wurden Gänse zu Martini am 11. November geschlachtet.
Noch im 19. Jahrhundert waren Gänse das traditionelle Jahresgeschenk für Pastor und Lehrer.

Es ist wichtig beim Kauf der Gans darauf zu achten, dass sie aus artgerechter Haltung stammt!

Zutaten für 8 Personen: *1 küchenfertige Gans, etwa 4 kg, Saft 1 Zitrone, Salz, Pfeffer, 4 mittelgroße, unbehandelte, leicht säuerliche Äpfel, 200 g getrocknete Aprikosen, 100 g grob gewürfelte Zwiebeln, 2 Zweige Beifuß, etwas Bier zum Begießen*

Für die Apfel-Ingwer-Sauce: *1 Esslöffel Öl, 1 klein geschnittener Apfel, 2 cm frischer Ingwer (klein gewürfelt), etwas Rosmarin, etwas Thymian, etwas Zimt, 125 ml Crème fraîche*

Die Gans innen und außen waschen und trocknen, mit Zitrone einreiben, salzen und pfeffern. Den Backofen auf 220 °C (Umluft 200 °C) vorheizen. Für die Füllung die ganzen gewaschenen Äpfel, die Backpflaumen und Zwiebelwürfel miteinander vermischen, in die Bauchhöhle füllen und mit zwei

Rouladennadeln verschließen. Die Flügel auf der Bauchseite mit Küchengarn zusammmenbinden, damit sie beim Braten nicht verbrennen. Damit das Fett ausbrät, die Gans mit einem kleinen, spitzen Messer rundherum in einem Abstand von etwa 2-3 cm einstechen.
Die Gans mit der Brustseite nach oben auf einen Bratrost legen. Auf die Fettpfanne eine Tasse Wasser gießen und unter den Bratrost schieben. Damit die Haut schön knusprig wird, muss die Gans während des Bratvorgangs hin und wieder mit kaltem Wasser bespritzt werden.
Nach einer Bratzeit von 45 Minuten wird die Hitze auf 170 °C verringert. Die Gans wird dann noch etwa 1¾ Stunden gebraten. Etwa 5 Minuten vor dem Anrichten bestreicht man sie mit etwas Bier, damit die Haut kross wird. Das Fett gut abschöpfen. Die Gans ist gar, wenn beim Einstechen mit der Gabel klarer Saft austritt.
Nach Ende der Garzeit den Bratenfond mit 200 ml Wasser auffüllen. Für die **Apfel-Ingwer-Sauce** in einem Topf das Öl heiß werden lassen, Apfel- und Ingwerwürfel darin kurz braten. Nun den Bratenfond dazugeben und zum Kochen bringen, mit Thymian, Rosmarin würzen, Crème fraîche hinzugeben. Zum Schluss mit Zimt würzen und die Sauce mit Salz und Pfeffer abschmecken.
Beim Anrichten Rouladennadeln und Küchengarn

entfernen, mit einem Löffel die Füllung herausnehmen und neben der Gans heiß anrichten.
Tipp: Das Gänseschmalz auffangen. Es ist ein hervorragender Brotaufstrich.

Gänsekeulen mit Orangensauce

Mit diesem Feinschmecker-Rezept für ein Weihnachtsmenü überrascht Margot Schröder ihre Familie.

2 Gänsekeulen, 2 Esslöffel Öl, 2 kleine Zwiebeln,
1/8 l Weißwein, dünn abgeschnittene Schale einer
ungespritzten Orange, 2 Orangen, 1 Zitrone,
150 g Weintrauben, 2 gehäufte Esslöffel Zucker,
3 Esslöffel Basalmicoessig, nach Belieben
6-8 cl Orangenlikör, 4 Esslöffel Sahne

Gänsekeulen salzen, pfeffern, in Öl von allen Seiten anbraten, bei geringer Hitze zugedeckt 20 Minuten braten, einen Teil des Fettes abschöpfen. Nun gewürfelte Zwiebeln, Weißwein und die Orangenschale einer ungespritzten Orange hinzuzufügen. Die Keulen noch eine Stunde zugedeckt schmoren lassen. Die geschälte Orange in Scheiben schneiden und die anderen Zitrusfrüchte auspressen. Trauben kurz in heißes Wasser legen und die Haut abziehen.

Zucker in einer Pfanne schmelzen, mit dem Fruchtsaft und Essig ablöschen, etwas einkochen lassen und danach zum Bratensatz gießen. Dann Likör und Trauben dazugeben und ganz kurz erhitzen. Zum Schluss die Sahne darunterrühren.

Entenbrustfilet in Rotweinsahnesoße mit Champignons und Kastanien

2 Entenbrustfilets (circa 800 g), 3 gewürfelte Zwiebeln, 1 klein geschnittene Knoblauchzehe, 3 Esslöffel Rapsöl, Salz, Zitronenpfeffer, Estragon, 0,2 l Rotwein, 6 Esslöffel Sahne, 2 Esslöffel Tomatenmark, 400 g gegarte Kastanien (gibt es vakuumverpackt zu kaufen)

Entenbrustfilets in dünne Scheiben schneiden, in einer großen Pfanne von beiden Seiten in Öl knusprig anbraten, Zwiebeln und Knoblauch dazugeben. Dann die in Scheiben geschnittenen Champignons unterrühren und mit Salz, Zitronenpfeffer und Estragon würzen. Nun mit Rotwein ablöschen, Sahne und Tomatenmark hinzufügen. Zum Schluss die Kastanien dazugeben und kurz mitkochen lassen. Vor dem Servieren das Ganze noch einmal abschmecken.

Curryhähnchen

Gerichte, die mit Curry zubereitet wurden, gab es in Bremen schon lange. Diese ursprünglich aus Indien stammende Gewürzmischung für Reisgerichte gelangte im 18. Jahrhundert mit den zurückkehrenden englischen Kolonialbeamten und Soldaten nach Europa. Seeleute liebten das feurige Gewürz, das nach exotischen Abenteuern und Fernweh schmeckt. So gehörten Curry-Gerichte in Bremer Seemannsfamilien bald selbstverständlich auf den Speiseplan.

1 Hähnchen (circa 1000 g), Salz, Pfeffer, Mehl,
50 ml Rapsöl (oder 50 g Butter oder Margarine),
2 Zwiebeln, 1 Esslöffel Curry, 2 Esslöffel Tomatenketchup oder Tomatenmark, 1 Becher süße Sahne,
2 Bananen, 2 Äpfel

Das Hähnchen vierteln, unter fließendem Wasser abspülen und trockentupfen. Fleisch mit Salz und Pfeffer bestreuen und in Mehl wenden. Fett in einer Pfanne erhitzen. Hähnchenviertel goldbraun anbraten. Geschälte, gehackte Zwiebel dazugeben und 5 Minuten bei mittlerer Hitze dünsten. Dann Curry, Tomatenmark und Sahne zufügen und noch 20 Minuten bei kleiner Hitze zugedeckt garen. Inzwischen Bananen und Äpfel schälen. Äpfel vierteln, die Kerngehäuse herausschneiden. Obst zum Hähnchen geben und noch 15 Minuten garen. Dann etwas Mehl hineinrühren und mit Salz, Pfeffer und Curry abschmecken.

Bremer Kükenragout

Dieses zeitgemäße Rezept für Kükenragout ist Detlef Stockhinger zu verdanken. Mit Kükenragout verbindet er seine Kindheitserinnerungen an Krebsnasen. Aber lassen wir Herrn Stockhinger selbst erzählen: „Das Kükenragout ist wohl ein recht aufwendiges und auch nicht eben preiswertes Gericht, weshalb es bei uns zu Hause nur zu besonderen Anlässen auf den Tisch kam. Mein Großvater pflegte dann jedesmal nachzufragen: „Sind da auch Krebsnasen drin?“ Als kleiner Junge hat mich das sehr gewundert, nach meinem bescheidenen Kenntnisstand hatten Krebse zwar Augen, Beine und vielleicht auch so etwas wie ein Maul, aber doch keine Nasen? Erst sehr viel später klärte mich die höchste Autorität Bremens in Sachen Fisch, der Amtsfischer Peter Koch-Bodes auf: „Krebsnasen sind die oberen Körper der Flusskrebse.“ Ich kann mich erinnern, dass sie mir nicht so gut schmeckten, viel lieber mochte ich die kleinen Saucischen. Heute würde man so etwas Cocktailwürstchen nennen, aber in

Bremen war (und ist) eben alles'n büschen feiner. Und so wird Kükenragout zubereitet:

1 fleischiges junges Huhn, 1 Kalbszunge, 1 Bund Suppengrün, Salz, 5 Pfefferkörner, 1 mit zwei Nelken gespickte Zwiebel, 1 Kalbsbries (etwa 400 g), 200 g Cocktailwürstchen, 150 g Gambas (statt Krebsnasen, die nicht mehr erhältlich sind), 500 g frische Champignons, 50 g Butter, 1 Dose Spargelspitzen, ¼ l guter Weißwein, 250 g Crème fraîche, 2 Eigelb, Pfeffer, Muskat

Das ausgenommene Huhn und die geputzte Kalbszunge mit 1½ l Wasser und dem Suppengrün aufkochen lassen, Salz, Pfefferkörner und die Zwiebel hinzufügen. Die Zunge nach 1 Stunde herausnehmen, das Huhn noch circa 2 Stunden weiterkochen lassen. Das Bries zehn Minuten blanchieren, dann von den Häutchen befreien und in etwa 2 cm große Stücke schneiden. Champignons putzen, in Scheiben schneiden und in Butter 5 Minuten köcheln lassen. Das Hühnerfleisch vom Knochen lösen, in gefällige Stücke zerteilen. Die Zunge von der Haut befreien und in Würfel schneiden. Den Wein zur Brühe geben und auf die Hälfte einkochen lassen. Crème fraîche hinzugeben und nochmals 10 Minuten weiterkochen lassen. Topf von der Kochstelle nehmen und das Eigelb vorsichtig unterrühren. Alle Zutaten hinzufügen und vorsichtig erwärmen. Das Frikassee darf jetzt nicht mehr kochen, die Sauce gerinnt sonst. Mit Salz, Pfeffer, Muskat und eventuell etwas Zitronensaft abschmecken und mit Blätterteigfleurons servieren.

Fleurons gehören nicht nur zum Bremer Küken-ragout. Dieses Gebäck wird gerne zu festlichen Menüs und feinen Suppen gereicht. Fleurons passen auch gut zu Vorspeisen aus exiquisiten Zutaten.

Für die Fleurons: *200 g tiefgefrorener Blätterteig, 1 Eigelb*

Die Blätterteigscheiben bei Raumtemperatur auftauen lassen. Mit einem runden Ausstechförmchen oder einem Glas Halbmonde ausstechen. Die entstandenen Teigreste übereinanderlegen, vorsichtig ausrollen und erneut Halbmonde ausstechen. Die Halbmonde auf ein mit Backpapier ausgelegtes Blech legen, mit verquirltem Eigelb bestreichen und die Oberfläche der Fleurons mit einem Messer rautenförmig leicht einschneiden. Im vorgeheizten Backofen wird das Blätterteig-Gebäck auf mittlerer Schiene etwa 15 Minuten goldgelb gebacken. Fleurons sollten warm serviert werden.

Paprikageschnetzeltes

800 g Putengeschnetzeltes, Salz, gemahlener schwarzer Pfeffer, Edelsüß-Paprika, 50 g durchwachsener Räucherspeck, 2 Zwiebeln, 1 grüne und 1 rote Paprikaschote, 3 Esslöffel Öl, 1 Teelöffel gemahlener Thymian, 1 Becher süße Sahne, gemahlener Kümmel, 2 Esslöffel Basalmicoessig, 1 Knoblauchzehe

Das Fleisch mit Salz, Pfeffer und Paprika würzen. Speck in dünne Streifen schneiden. Öl in einer Pfanne erhitzen und das Geschnetzelte darin goldbraun anbraten. Speck, Zwiebeln und Paprikaschoten dazugeben und andünsten. Mit Thymian und Kümmel würzen. 1 Tasse Wasser, Sahne, Knoblauch und Basalmico-Essig hinzugeben. Das Ganze bei geringer Hitze etwa 20 Minuten dünsten. Zum Schluss noch einmal mit Salz, Pfeffer und Paprika abschmecken.

Fisch und Wild

a) Fisch

Mit Fischern und Fischfang soll alles begonnen haben. Nach einer alten Sage folgten in einer stürmischen Nacht Fischer, deren Freiheit durch ihre mächtigen Nachbarn bedroht war, einer Glucke, die sie am Ufer der Weser sahen. Die Glucke brachte sich und ihre Kücken in Sicherheit. Sie fand ein gemütliches Plätzchen auf einer Düne. Dies sahen die Fischer als günstiges Zeichen an. Mit ihren Familien besiedelten sie diesen heimeligen Ort. So wurde in uralter Zeit der Grund zu der Stadt Bremen gelegt. Auf der Düne wurde später der Dom errichtet.

Die Fischer hatten einen hervorragenden Ort entdeckt, konnte ihnen doch die Weser mit ihrem Fischreichtum als Nahrungsquelle dienen. Fischspeisen waren einst die Hauptmahlzeit des Kleinbürgers, denn Fische gab es reichlich in der Weser und ihrem Nebenarm, der Balge, zu angeln. Als Beilage gab es Rüben, Bohnen oder Möhren. Die große Zeit der Flussfischer ist für Bremen längst vorbei, jedoch mit seinem Fischereihafen in Bremerhaven ist Bremen immer noch eine bedeutende Fischhandelsstadt. Es versteht sich von selbst, dass Bremer gerne Fisch essen und es zahlreiche vorzügliche Fischgerichte gibt.

Gegrillter Kabeljau im Speckmantel

4 Kotelettstücke Kabeljau (je 200 g, je 3 cm dick), Saft einer ½ Zitrone, Salz, gemahlener schwarzer Pfeffer, 4 Speckscheiben, kleine Holzspießchen

Für die Remouladensauce: *2 hart gekochte Eier, 2 Essiggurken, 1 Bund Petersilie, 1 Esslöffel Kapern, ¼ l saure Sahne oder Mayonnaise, ½ Teelöffel Curry, 1 Teelöffel Senf*

Fisch waschen, mit Zitronensaft beträufeln, circa 10 Minuten marinieren und anschließend salzen und pfeffern. Nun um jeden Fisch eine Scheibe Speck herumlegen und jeweils zu einer Rolle formen, die mit Holzspießchen festgesteckt wird. Unterm Backofengrill werden die Fischröllchen auf jeder Seite 4 Miunten gegart.
Dazu **Remouladensauce** reichen: Fein gehackte Eier, klein geschnittene Petersilie, klein gewürfelte Gurken und Kapern mit der sauren Sahne oder der Mayonnaise vermischen und mit Curry, Senf, Salz und Pfeffer abschmecken. Kabeljau mit Zitronenscheibe und Petersilie garnieren. Vor dem Servieren die Holzspießchen vorsichtig entfernen.
Zum Kabeljau empfiehlt sich ein herber Weißwein.

Karpfen blau mit Meerrettichsahne

Nach einem alten Neujahrsbrauch soll der Geldbeutel immer prall gefüllt sein, wenn man eine Karpfenschuppe von dem am Neujahrstag verspeisten Karpfen im Portemonnaie trägt. Ob dieser Brauch hilft, bedarf einer Überprüfung.
Karpfen ist heutzutage eine Festspeise und wird gerne zu Heiligabend oder zu Neujahr gegessen.
Ursprünglich war Karpfen, wie anderer Fisch auch, eine Fastenspeise und wurde deshalb in der Adventszeit zubereitet. Denn die Adventszeit war früher eine Fastenzeit. Damals wurden überwiegend Spiegelkarpfen gezüchtet. Diese kleinere Karpfensorte passte besser zu einer bescheidenen Fastenmahlzeit. Da der Karpfen kaum Schuppen besaß, war es tatsächlich ein Glücksfall, eine Schuppe für den Geldbeutel zu erwischen.

1 Karpfen (circa 1500 g), Essig zum Übergießen, 3 l Wasser, 45 g Salz, Fischgewürz, 30 g Zwiebeln, 20 g Suppengrün, 80 g Butter, frische Petersilie und Zitronenscheiben zum Garnieren

Für die Meerrettichsahne: *200 ml Sahne, 1 Esslöffel Zucker, 1 Teelöffel Essig, 5-6 Esslöffel fein geriebener Meerrettich, etwas gehackter Dill, Salz und Pfeffer*

Der vorbereitete Fisch (nicht geschuppt, Flossen jedoch beschnitten) wird mit heißem Essig übergossen und 15 Minuten in Zugluft gestellt. Zwiebeln, Suppengrün und Salz werden in Wasser aufgekocht. Dann den Fisch in die, unter den Siedepunkt abgesunkene, Flüssigkeit geben und bei kleinster Flamme gar ziehen lassen. Starkes Aufkochen ist zu vermeiden, da der Fisch sonst zerfällt. Vor dem Anrichten wird der Karpfen mit heißem Wasser leicht abgespült, anschließend mit kaltem Wasser kurz abgespritzt und schließlich mit Petersilie und Zitronenscheiben serviert. Nach Belieben den Karpfen mit zerlassener Butter begießen oder Meerrettichsahne dazugeben.
Für die **Meerettichsahne** die Sahne mit Zucker halb steif schlagen, Essig, Meerrettich und Dill unterziehen. Mit Salz und Pfeffer abschmecken.

Zander in Riesling

800 g Zanderfilet, Saft 1 Zitrone, 2 Zwiebeln,
250 g frische Champignons, weißer Pfeffer, Salz,
1 Esslöffel Olivenöl, ¼ l Weißwein (Riesling),
1 Teelöffel Estragon, etwas Petersilie

Zanderfilet trockentupfen und mit Zitronensaft beträufelt ½ Stunde marinieren. Zwiebeln würfeln, geputzte Champignons in Scheiben schneiden. Eine feuerfeste Platte mit Öl ausstreichen. Die Zwiebeln hineingeben, den Fisch salzen, pfeffern, auf die Zwiebeln legen und mit den Champignons umlegen. Nun mit Wein übergießen und mit Alufolie bedeckt im auf 180 °C vorgeheizten Backofen 35 Minuten garen. Vor dem Servieren den Zander mit Estragon würzen und mit Petersilie garnieren. Dazu schmecken Kopfsalat und Weißbrot.

Rotbarschfilet mit Gurken und Dill

800 g Rotbarschfilet, Saft 1 Zitrone, Salz, 1 große Salatgurke, ½ l Sahne (oder Crème fraîche), weißer Pfeffer, Salz, 1 Sträußchen klein geschnittener Dill

Rotbarschfilet mit Zitronensaft beträufeln und salzen. Salatgurke schälen, längs halbieren. Nun mit einem Teelöffel die Gurkenkerne entfernen und die Gurkenhälften in Scheiben schneiden. In einer großen Pfanne die Sahne zum Kochen bringen und mit Salz und Pfeffer abschmecken. Den Fisch hineinlegen und bei geringer Hitze etwa 4-5 Minuten gar ziehen lassen und auf eine vorgewärmte Platte legen. Die Sahne noch einmal kurz aufkochen und den Dill und die Gurkenscheiben darin 1 Minute erhitzen. Zum Schluss die Sauce mit Salz und Pfeffer abschmecken und über den Fisch geben. Als Beilage: Weißbrot, Reis oder Kartoffeln.

Pannfisch mit Bratkartoffeln und Senfsauce

Ursprünglich war Pannfisch ein Reste-Essen, bei dem Kartoffeln, Kochfisch und Sauce vom Vortag erneut zur Geltung kamen. Aber auch aus frischen Zutaten zubereitet, kann sich Pannfisch als deftiges Hauptgericht sehen lassen. So wird dieses beliebte Pfannengericht in vielen Bremer Restaurants angeboten.

1 kg Pellkartoffeln (fest kochend, am besten vom Vortag), 800 g gegarter Fisch, 1 große Zwiebel, 2 Esslöffel Butter, 100 g Räucherspeck, Salz, Pfeffer, 1 Bund Petersilie

***Für die Senfsauce:** 40 g Butter, 2 Esslöffel Mehl, ½ l Wasser, 2-3 Esslöffel Senf, 1 Esslöffel Essig, 1 Esslöffel Zucker, Salz, Pfeffer, 125 ml Sahne, 125 g saure Sahne, etwas Estragon, 1 Prise gemahlener Kümmel*

Pellkartoffeln schälen, in Scheiben schneiden, Zwiebeln abziehen, Speck klein würfeln. Fischreste von Haut und Gräten befreien und in mundgerechte Stücke schneiden.
Speck in 1 Esslöffel Butter ausbraten, die Kartoffelscheiben dazugeben und bei mittlerer Hitze knusprig braten und mit Salz und Pfeffer abschmecken. Den Fisch in einer Pfanne mit 1 Esslöffel Butter 2-3 Minuten von beiden Seiten braten. Kartoffeln und Fisch vorsichtig in der Pfanne mischen und alles bei kleiner Hitze noch 3-4 Minuten ziehen lassen.
Für die **Senfsauce** in einem kleinen Topf aus Margarine und Mehl eine helle Mehlschwitze zubereiten. Wasser unterrühren, kurz aufkochen und die Sauce mit Senf, Essig, Zucker, Salz und Pfeffer abschmecken. Die saure Sahne, etwas Estragon sowie 1 Prise gemahlenen Kümmel unterrühren und kurz aufkochen.
Die Senfsauce wird zu dem Pannfisch gereicht. Zum Schluss die Petersilie waschen, fein hacken und über den Pannfisch streuen.

Bimmel – bammel – beier,
us Katt mag keene Eier.
Wat mag se dann?
Speck in'ne Pann,
is man een littjen Leckermann.

Gegrillter Aal

1 frischer Aal, Saft einer Zitrone, 1 Bund frischer Dill, 1 Messerspitze Salz

Der ausgenommene Aal wird in vier Stücke geschnitten. Die Portionen auseinander klappen, mit Zitronensaft beträufeln, 2 Dillzweige in jede Portion stecken und mit wenig Salz bestreuen und wieder zuklappen. Die Aalstücke im vorgeheizten Grill etwa 7 Minuten bei 200 °C grillen. Jeweils zwei goldgelb getoastete Weißbrotscheiben auf einen Teller geben und je ein Aalstück dazulegen und mit dem restlichen Dill garnieren.

Muscheln in Weißwein

3 kg Miesmuscheln, 2 Zwiebeln, 4 Möhren,
100 g Sellerie, 2 Esslöffel Butter,
2 Teelöffel Salz, Pfeffer, 2 Zweige Thymian,
1 Teelöffel gemahlener Ingwer, 6 Nelken,
1 l Weißwein, zwei Lorbeerblätter, 150 ml Sahne

Muscheln unter fließendem, kaltem Wasser abbürsten und die Haftfäden abziehen. Geöffnete Muscheln wegwerfen! Zwiebeln abziehen, Möhren und Sellerie putzen, schälen und klein würfeln.

Butter in einem großen Topf zerlassen, die gewürfelten Zwiebeln und das Gemüse darin dünsten. Das Ganze mit Wein aufgießen, zum Kochen bringen, salzen, pfeffern, Thymian, Ingwer, Nelken und zerkleinerte Lorbeerblätter dazufügen. Muscheln in den Topf geben, bei mäßiger Hitze zugedeckt circa 6-8 Minuten kochen lassen.

Weitere Geschmacksvariationen können durch die jeweilige Zugabe von Curry, Tomatenstückchen, gehackter Petersilie oder Knoblauchzehen erzielt werden.

Nach dem Kochen die Muscheln aus dem Sud nehmen. Noch geschlossene Muscheln wegwerfen! Die restlichen Muscheln in einer Schüssel warm halten. Sud in den Topf geben und mit Sahne mischen. Kräftig aufkochen lassen. Sud salzen und pfeffern, die Muscheln auf Teller verteilen und den Sud über die Muscheln geben.

Reichlich Weißbrot zum Auftunken des Suds dazuservieren.

Tipp zur weiteren Verarbeitung: Nach diesem Grundrezept können Muscheln für Saucen, Suppen oder Salate vorbereitet werden. Dazu werden die Muscheln aus der Schale gelöst. Den Fond lässt man 10 Minuten ruhen, damit sich eventuell vorhandene Sand- und Kalkreste absetzen können. Danach wird er vorsichtig abgegossen.

Geräucherter Lachs auf Toast

Lachs kam im Mittelalter in der Weser noch häufig vor. Gästen wurde der Edelfisch gern als Ehrengeschenk gereicht. Das Bremer Fischeramt führte das Abbild des Laches sogar in seinem Wappen.

2 Scheiben geräucherter Lachs werden pro Person als Vorspeise mit **Meerrettichsahne** (siehe Rezept Seite 35) auf warmem Toast serviert.

Heringssalat

(aus dem handgeschriebenen Kochschulheft von Elise Gesine Wessels)

6-8 vorbereitete Heringe, 500 g Kalbsbraten,
600 g gekochte, geschälte Rote Bete,
100 g Pellkartoffeln, 100 g saure Gurken,
100 g saure Äpfel, 6 hart gekochte Eier,

***Marinade:** 3 Esslöffel Essig, 6-8 Esslöffel Öl, Senf, etwas Zucker, nach Belieben 2 Esslöffel Kapern*

Sämtliche Zutaten werden in gleichmäßige Würfel geschnitten. Die Heringsmilch wird durch ein Sieb gestrichen, mit Essig, Öl, Senf, einer Prise Zucker und den Kapern verrührt und über die Masse gegeben. Alles 24 Stunden ziehen lassen und vor dem Servieren mit Salz und Pfeffer abschmecken.

Krabben-Cocktail

Krabben heißen in Bremen Granat. Hermann Gutmann erinnert in seinem humorvollen Buch über die Ess- und Trinkgewohnheiten der Bremer „Was'n Bremen so ißt" an den Granatmann, der noch mit einem Handwagen durch die Straßen zog und lauthals frischen „Grannaaat" feilbot.

400 g Krabben, 2 Esslöffel Tomatenketchup,
2 cl Cognac, 2 cl Orangensaft, 1 Prise
Cayennepfeffer, Salatblätter und etwas
Dill zum Dekorieren

Ergibt 250 ml ***Mayonnaise:*** *2 Eigelbe, 1 Prise Salz,*
1 Prise weißer Pfeffer, 4 Teelöffel Zitronensaft,
½ Teelöffel Dijon-Senf, 250 ml Olivenöl

Für die **Mayonnaise** Eigelb in eine Schüssel geben, Senf und 2 Teelöffel Zitronensaft dazugeben, 30 Sekunden schlagen, bis die Mischung leicht sahnig ist. Olivenöl teelöffelweise dazugeben, dabei die Mayonnaise weiter schlagen. Nun noch 2 Teelöffel Zitronensaft hinzufügen, mit Salz und Pfeffer abschmecken. Die Mayonnaise für den Krabbencocktail mit Tomatenketchup, Cognac, Orangensaft und 1 Prise Cayennepfeffer mischen, Krabben unter die Sauce rühren und in vier mit Salatblättern ausgelegte Gläser verteilen und mit Dill garnieren.

Knoblauch-Garnelen

24 mittelgroße Garnelen (mit Schale, ohne Kopf), 3 Knoblauchzehen, 6 Esslöffel Olivenöl, Pfeffer, Salz, 4 Zitronenspalten, Petersilienblätter

Garnelen waschen, trockentupfen, Knoblauchzehen schälen und in kleine Wüfel schneiden. Olivenöl in einer großen Pfanne erhitzen. Garnelen von jeder Seite 3 Minuten braten. Kurz vor Ende der Garzeit Knoblauch hinzugeben und mitbraten. Garnelen pfeffern, salzen, herausnehmen und Knoblauch darüber geben. Pro Person je 6 Garnelen mit den Zitronenspalten und den Petersilienblättern garnieren.
Dazu passen Weißbrot und **Remouladensauce** (siehe Rezept Seite 34).

b) Wild

Rehmedaillons in Pfefferrahmsauce

Marinade für Wildfleisch: 200 ml Olivenöl,
1 Teelöffel Thymian, 1 Teelöffel Rosmarin,
100 ml Rotwein, 2 Knoblauchzehen

8-12 Rehmedaillons, 2 Esslöffel Butterschmalz,
2 Zwiebeln, 2 Esslöffel grüne Pfefferkörner,
4 cl Weinbrand, 200 ml Rotwein, 125 ml Sahne,
Salz, Pfeffer, 1-2 Esslöffel Preiselbeermarmelade

Öl, zerriebene Knoblauchzehen, Pefferkörner, Kräuter und Rotwein mischen und die Rehmedaillons in dieser **Marinade** im Kühlschrank 2-3 Stunden ziehen lassen.
Rehmedallions mit Salz und Pfeffer würzen, in Butterschmalz je nach Geschmack medium oder durchbraten, herausnehmen und warm stellen. Nun die kleingeschnittenen Zwiebeln ins Bratfett geben, Pfefferkörner hinzufügen und mit Rotwein und Weinbrand ablöschen. Die Sauce mit Sahne und der Preiselbeermarmelade verfeinern und mit Salz und Pfeffer abschmecken.

Hirschragout mit Steinpilzen

800 g Hirschfleisch aus der Keule, 2 Esslöffel Öl, 1 klein geschnittene Zwiebel, Salz, frisch gemahlener schwarzer Pfeffer, 1 Lorbeerblatt, etwas gemahlener Piment, 1 Teelöffel Estragon, 2 cl Weinbrand, 250 ml Wildfond, 200 g frische Steinpilze oder 20 g getrocknete Steinpilze (1 Stunde vorher einweichen), 1 Esslöffel Butter, 125 ml Rotwein, 4 Esslöffel Sahne, 1-2 Esslöffel Basalmico-Essig

Hirschfleisch unter fließendem, kaltem Wasser waschen, trockentupfen und in Würfel schneiden. Öl erhitzen, das Fleisch darin von allen Seiten anbraten. Die Zwiebel hinzufügen und mitbraten lassen, nun die Gewürze, Wildfond und Weinbrand dazugeben. Das Hirschragout etwa 1 Stunde schmoren lassen, bis das Fleisch gar ist. Die Pilze in einer Pfanne in Butter dünsten und zum Hirschragout geben. Zum Schluss Rotwein, Sahne und Basalmico-Essig unterrühren und kurz miterhitzen, mit Salz und Pfeffer abschmecken.

Tipp: Wildfleisch wird zarter und der Wildgeschmack gemildert, wenn es über Nacht in eine Marinade (siehe Rezept Seite 45) gelegt wird.

Wildschweinkeule mit Rotweinbirnen

Zutaten für 4-6 Personen: *8-10 Wachholderbeeren, 1 Wildschweinkeule (mit Knochen 1,8-2 kg), Salz, weißer Pfeffer, 20 g Butterschmalz, 100 g durchwachsener Speck in Scheiben, 3 Lorbeerblätter, ½ l trockener Rotwein, 2 Zwiebeln, 1 Bund Suppengrün, 1 Esslöffel Zucker, 4 kleine Birnen, 100 g Crème fraîche*

Wachholder zerstoßen, Keule waschen, mit Salz, Pfeffer und Wachholder einreiben. Fett in einem Bräter erhitzen und die Keule darin anbraten. Nun das Ganze mit Speck belegen, Lorbeer, ¼ l Wein und ¼ l Wasser hinzufügen. Im vorgeheizten Ofen bei 175 °C etwa 2 Stunden schmoren. Zwiebeln schälen, Suppengrün putzen und alles klein schneiden und etwa 45 Minuten vor Ende der Garzeit zum Fleisch geben.

⅛ l Wein, ¼ l Wasser und Zucker in einem hohen Topf aufkochen und die geschälten Birnen darin 10 Minuten garen. Nun die Keule herausnehmen, den Bratenfond mit ⅛ l Wein und ⅛ l Birnensud aufkochen, Crème fraîche einrühren und mit Salz und Pfeffer abschmecken. Dazu passen Bandnudeln und ein kräftiger trockener Rotwein.

Gemüse und Salate

a) Gemüse

Marinierter Rotkohl mit Äpfeln

Bei diesem Rotkohlrezept wird der Rotkohl mariniert. Mindestens 10 Stunden soll das Gemüse zugedeckt in der Marinade bleiben.

1 Rotkohl (etwa 750 g)

Für die Marinade: *4 Gewürznelken, 2 Lorbeerblätter, 500 ml Rotwein, 4 Esslöffel Rapsöl, Salz, Pfeffer, 2 säuerliche Äpfel, 1Esslöffel Zucker, 3 Esslöffel Obstessig*

Strunk und Außenblätter des Rotkohls entfernen; in klarem Salzwasser waschen. Den Rotkohl vierteln, in dünne Scheiben schneiden oder hobeln. Kohl zusammen mit dem Wein, den Nelken und den Lorbeerblättern in eine Schüssel geben und zugedeckt etwa 10 Stunden ruhen lassen.
Rotkohl in einem Sieb abtropfen lassen, den Wein auffangen, das Öl erhitzen und den Rotkohl darin dünsten, salzen und pfeffern. Die geschälten, entkernten Äpfel würfeln und zsammen mit dem Wein aufkochen lassen. Nach Wunsch noch etwas mehr Rotwein dazugeben. Den Kohl bei kleiner Hitze zugedeckt noch etwa 30 Minuten garen lassen. Zum Schluss mit Salz, Pfeffer und Essig abschmecken.

Gefüllte Auberginenröllchen

750 g Auberginen, 2 Esslöffel Zitronensaft, Salz, Pfeffer, 120 g Mozzarella, 20 g Parmesankäse, 250 g Frischkäse, 1 Eigelb, einige Blätter frisches Basilikum zum Dekorieren, hölzerne Zahnstocher zum Zusammenstecken der Röllchen

Für die Tomatensauce: *500 g frische Tomaten oder eine Dose Pizzatomaten, 1 große Zwiebel, 1 Knoblauchzehe, 1 Esslöffel Olivenöl, 2-3 Stängel Petersilie, Estragon und Basilikum, Salz und Pfeffer*

Auberginen putzen, waschen und längs in ½ cm dicke Scheiben schneiden. Auberginenscheiben auf ein mit Backpapier ausgelegtes Backblech legen und im vorgeheizten Backofen bei 200 °C circa 12 Minuten backen, bis sie weich sind.
Auberginenscheiben abkühlen lassen, mit Zitronensaft beträufeln und mit Salz und Pfeffer bestreuen. Mozzarella würfeln, Parmesan sehr fein reiben und mit Frischkäse und Eigelb verrühren. Frischkäsemasse auf die Auberginenscheiben streichen, vom dünnen Ende aufrollen und mit den Zahnstochern fixieren.

Für die **Tomatensauce** die frischen Tomaten überbrühen, häuten, den Stielansatz herausschneiden, entkernen und das Fruchtfleisch grob hacken. Falls Dosentomaten verwendet werden, ebenfalls hacken. Zwiebel und Knoblauch schälen und fein hacken.

Das Öl in einer Kasserolle oder einem kleinen Topf erhitzen. Wenn es Schlieren zu ziehen beginnt, Zwiebel und Knoblauch hinzufügen, kurz anbraten, dann die Tomaten und einen Teil der Kräuter hinzugeben. Tomatensauce noch 5 Minuten köcheln lassen, dann mit Salz, Pfeffer und den restlichen Kräutern abschmecken.

Die Tomatensauce in eine Auflaufform gießen. Die Auberginenröllchen hineinsetzen und im vorgeheizten Backofen bei 175 °C nochmals 10 Minuten backen. Mit Basilikum dekorieren. Dazu schmecken Reis und Blattsalat.

Steckrübenmedaillons in Walnusssahne

800 g Steckrübe, 1 Bund Schnittlauch, 3 Eier, 100 g Haferflocken, Salz, schwarzer Pfeffer aus der Mühle, 3 Esslöffel Butter oder ungehärtete Pflanzenmargarine, 200 g Sahne, 50 g gehackte Walnusskerne

Die Steckrübe schälen, Strunk und grüne Stellen entfernen. Die Rübe grob zerteilen, fein reiben und in eine große Schüssel geben. Den Schnittlauch waschen, abtrocknen und in feine Röllchen schneiden. Die Hälfte der Schnittlauchröllchen zusammen mit den Eiern, den Haferflocken, Salz und Pfeffer zur Steckrübe geben, alles gründlich vermischen.

In der Pfanne die Hälfte des Fettes zerlassen. Aus der Masse acht Medaillons formen, dabei etwas Flüssigkeit aus der Masse herausdrücken. Die Medaillons in der Pfanne von jeder Seite etwa 10 Minuten bei milder Hitze braten. Beim Wenden das restliche Fett dazugeben.

Die fertigen Medaillons aus der Pfanne nehmen und zugedeckt warm halten. Die Sahne in die Pfanne gießen und gut mit dem Bratensatz verrühren. Die Walnüsse mit dem restlichen Schnittlauch unter die Sahne rühren, abschmecken. Als Beilage eignet sich Kartoffelbrei.

b) Salate

Sellerie-Apfelsalat

400 g Knollensellerie, 2 mittelgroße Äpfel, 1 Esslöffel Zitronensaft, 100 ml Schlagsahne, Salz, 1 Prise frisch gemahlener weißer Pfeffer, 1 Esslöffel Kräutersenf, 1 Prise Zucker, 1 Esslöffel gehackte Petersilie, gehackte Nüsse nach Belieben

Den Sellerie schälen, in dünne Streifen schneiden. Fünf Minuten in kochendem Salzwasser blanchieren, gut abtropfen, Äpfel schälen, entkernen und klein würfeln. Äpfel und Sellerie mischen, mit Zitronensaft beträufeln. Sahne halb steif schlagen, mit wenig Salz, weißem Pfeffer, Senf und Zucker vermischen und unter den Salat ziehen. Mit klein gehackter Petersilie bestreuen. Nach Belieben mit gehackten Nüssen verfeinern.

Feldsalat

100 g Feldsalat, 1 säuerlicher Apfel, 1 Orange

Für die Salatsauce: *2 rote, klein gewürfelte Zwiebeln, 2 Esslöffel Dijonsenf, Saft ½ Orange, Salz, weißer Pfeffer, 2 Teelöffel Honig, 4 Esslöffel weißer Basalmico-Essig, 5 Esslöffel kalt gepresstes Olivenöl*

Feldsalat verlesen, waschen und gut abtropfen lassen. Den gewaschenen Apfel mit Schale vierteln, Kernhaus entfernen und in schmale Scheiben schneiden. Die Orange schälen, die weiße Haut entfernen, filetieren und die einzelnen Stückchen halbieren. Feldsalat und Orangen auf eine große Platte legen.

Dijonsenf, Orangensaft, Salz, Pfeffer, Honig und Basalmico-Essig verrühren, Zwiebeln zufügen und etwa 10 Minuten ziehen lassen. Nach und nach das Öl dazu geben und zum Schluss 1 Esslöffel sehr heißes Wasser darunter schlagen, bis eine gleichmäßige Masse entsteht. Nochmals abschmecken und über den Feldsalat geben. Diese Salatsauce passt auch gut zu Eichblattsalat, Radicchio und Endiviensalat.

Kartoffelsalat

In vielen Familien gibt es an Heiligabend Würstchen mit Kartoffelsalat zu essen. Dank dieser Mahlzeit, die sich gut vorbereiten lässt, bleibt noch genügend Zeit für die vielen Festvorbereitungen. Außerdem schmeckt der Kartoffelsalat gut durchgezogen noch besser.

750 g fest kochende Pellkartoffeln, Salz,
1 gewürfelte Zwiebel, 2 Esslöffel Rapsöl, 3 Esslöffel Gewürzgurkenmarinade, 100 g gewürfelte Gewürzgurken, 100 ml Gemüsebrühe, 2 Esslöffel Weinessig, 1 Esslöffel Senf, ½ Bund Petersilie,
Salz, Pfeffer

Kartoffeln als Pellkartoffeln zubereiten, pellen, in Scheiben schneiden und in der Gewürzmarinade wenden. Zwiebel- und Gurkenwürfel, Öl, Essig, Senf, Gemüsebrühe und die klein geschnittenen Petersilienblätter zu einer Sauce verrühren. Die Sauce über die Kartoffeln geben und den Salat etwa 20 Minuten ziehen lassen. Zum Schluss mit Salz und Pfeffer abschmecken. Nach Belieben kann der Kartoffelsalat noch mit Tomatenstückchen, anderen Kräutern, Paprikastreifen, Krabben, gekochten Eiern, gekochtem Schinken oder angebratenen Speckwürfeln verfeinert werden.

Desserts

Weihnachtsäpfel – Liebeszauber, Schmuck und Orakel

Seit Jahrhunderten gilt der rote Apfel als Symbol der Fruchtbarkeit. Er diente als Liebeszauber und Hochzeitsgabe. Der Apfelbaum galt als Lebensbaum. Als Baum der Erkenntnis war er ein Teil des verlorenen Paradieses.

Der rote Apfel spielte zu Weihnachten eine besondere Rolle, außerhalb der Erntezeit war er noch in den 1950er Jahren ein beliebtes Geschenk für ein „braves" Kind. Äpfel dürfen deshalb auf keinem bunten Teller fehlen. Am Weihnachtsbaum hingen Äpfel einst als essbarer Schmuckbehang. Sie wurden zum Vorbild der Weihnachtskugeln aus Glas.

Nach altem Aberglaube sollte ein am Heiligen Abend verspeister Apfel sogar im kommenden Jahr vor Unheil schützen. Wollte man wissen, ob das neue Jahr günstig verlaufen würde, so wurde ein Apfel in zwei Hälften geschnitten, blieben die Kerne dabei ganz, so sollte damit das kommende neue Jahr glücklich verlaufen.

Apfelplätzchen

200 g Mehl, ¼ l Milch, 1 Prise Salz, 3-4 Eier, 500 g Äpfel, Saft einer Zitrone, zum Backen Fett, zum Bestreuen Zucker und Zimt

Das Mehl mit der Milch glatt rühren, Salz und Eier dazugeben, alles gut verrühren; den Teig 10 Minuten ruhen lassen. Die Äpfel schälen, halbieren, Kerngehäuse entfernen. Äpfel in sehr feine Scheibchen schneiden und mit dem Zitronensaft beträufeln. Anschließend die Apfelscheiben in den Teig geben. Mit einem Esslöffel den Apfelteig in eine Pfanne geben. Bei mittlerer Hitze Plätzchen daraus backen, die auf beiden Seiten goldbraun sein sollten. Noch heiß mit Zucker und Zimt bestreuen und warm verzehren.

Bratäpfel mit Kokosmakronenfüllung

Bratäpfel sind genau das Richtige für einen gemütlichen Winterabend. Ihr Duft verspricht Ruhe und Gemütlichkeit. Das Reizvolle an Bratäpfeln ist, dass sie fruchtig und zugleich süß schmecken.

4 mittelgroße mürbe Äpfel (z. B. Cox Orange, Ingrid Marie oder Boskop), 2 kleine Eiweiß, 1 Päckchen Vanillezucker, 2 gestrichene Esslöffel Zucker, 4 gestrichene Esslöffel Kokosflocken, 50 g Butter oder Margarine

Die Äpfel unter fließendem Wasser gründlich waschen und trockenreiben. Kerngehäuse mit einem Messer oder einem Apfelausstecher vorsichtig herauslösen.
Für die Makronenfüllung Eiweiß zu steifem Schnee schlagen, Vanillezucker und Zucker unter Rühren einrieseln lassen. Zum Schluss die Kokosflocken mit einem Schneebesen unterheben. Äpfel rundum mit Fett bestreichen und in eine gefettete feuerfeste Form setzen. Makronenfüllung in einen Spritzbeutel mit großer Lochtülle geben und in die restlichen Äpfel spritzen. Im vorgeheizten Backofen bei 220 °C circa 20-25 Minuten backen.

Gefüllte Orangen und Zitronen

Von großen ungespritzten Orangen und Zitronen einen Deckel abschneiden, vorsichtig die Frucht aushöhlen und mit Orangen- oder Zitroneneis füllen. Die gefüllten Orangen und Zitronen in das Gefrierfach stellen und gefroren anrichten.

Himbeer-Eisflambé

300 g tiefgefrorene Himbeeren, 2 Bananen, 1 Esslöffel Zitronensaft, 6 Esslöffel Himbeergeist, 250 g Vanilleeiscreme

Vorbereitung: Himbeeren etwas antauen lassen, die Bananenscheiben, Zitronensaft und 1 Esslöffel Himbeergeist vermengen und danach etwa 30 Minuten durchziehen lassen.
Zubereitung: Eiscreme in acht Stücke zerteilen, diese auf einer gekühlten feuerfesten Platte anrichten, den Himbeersalat gut darauf verteilen. Restlichen Himbeergeist erwärmen, darüber gießen und anzünden. Brennend servieren.

Weiße Schokoladencreme

120 g weiße Schokolade, 200 ml Sahne, 20 g gehackte Pistazien

Sahne mit der in kleine Stückchen gebrochenen Schokolade in einem kleinen Topf bei schwacher Hitze auflösen. Die Sahne darf nicht kochen! Die Pistazien unterheben. Die Schokoladencreme mindestens einen Tag im Kühlschrank lassen. Die Schokoladenmasse mit einem Rührgerät steif schlagen. Zum Portionieren Löffel in heißes Wasser tauchen.

Rote Grütze aus Früchten

In ganz Norddeutschland ist die Rote Grütze beliebt. In Bremen wird sie mit Sago gebunden. Hamburger bevorzugen Speisestärke zum Binden dieses leckeren Nachtisches. Früher wurde diese Speise nur auf der Basis von Fruchtsäften angerührt. Zur Advents- und Weihnachtszeit kann man auf tiefgefrorene Beerenfrüchte zurückgreifen.

250 g rote Johannisbeeren, 250 g Himbeeren, 250 g schwarze Johannisbeeren oder 750 g Tiefkühl-Beerenobst, 150 g Zucker, 120 g Sago, wenn die Grütze fest werden soll. Möchte man sie flüssiger, sollte weniger Sago eingerührt werden.

Die Beeren mit wenig Wasser bedeckt aufkochen lassen, bis sie zerfallen. Nach Belieben die Früchte durch ein Sieb rühren. Sago einweichen, das überflüssige Wasser abgießen, mit dem Zucker in das Beerenmus oder den Beerensaft einrühren und die Grütze unter ständigem Rühren mehrere Male unter Rühren kurz aufkochen lassen. Nun das Ganze im geschlossenen Topf bei schwacher Hitze quellen lassen. Die Sagokügelchen werden durchsichtig. Die Grütze in eine mit kaltem Wasser ausgespülte Schüssel füllen, abkühlen lassen. Dazu passen Vanillesauce, eisgekühlter süßer Rahm oder Vanilleeis.

Plum und Klütschen

Einst wurde dieses süße Gericht, das beinahe in Vergessenheit geraten ist, besonders von Kindern heiß geliebt. „Plum und Klütschen" erinnern Detlef Stockhinger an die „Lanne" (Parzelle) seines Urgroßvaters und den Pflaumenbaum, der im Spätsommer reiche Ernte trug. Wie schön, dass Herr Stockhinger dieses Rezept bewahrt hat.

500 g getrocknete Pflaumen, ½ l Wasser, ½ Zimtstange, die Schale einer ungespritzten Zitrone, 50 g Zucker, 125 g Graupen, etwas Butter, ein weiterer Liter Wasser, etwas Weißwein und etwas Zitronensaft

Die Pflaumen am Abend vorher waschen und mit kaltem Wasser über Nacht einweichen. Die Pflaumen mit einem halben Liter von diesem Wasser aufsetzen und zusammen mit der Zimtstange und der Zitronenschale weich kochen. Mit Zucker abschmecken. Die Graupen waschen und mit Butter anschwitzen. 1 Liter Wasser zufügen, die Graupen weich kochen und mit den Pflaumen vermengen. Das Ganze mit Salz, Zucker, Weißwein und Zitronensaft abschmecken.

Variante: Anstatt der Graupen kocht man 80 g Sago mit. Für die leckeren Klütschen werden dann 40 g Butter, 2 Eier, 1 Teelöffel Salz, 400 g Mehl, 1 Teelöffel Backpulver und ¼ Liter Milch zu einem Teig verarbeitet.
Mit einem Teelöffel werden Klöße abgestochen, die in siedendem Salzwasser etwa 10 Minuten gar gekocht werden. Wer mag, kann die Klütschen mit in Butter geröstetem Paniermehl anrichten und zu der Pflaumensuppe reichen.

Kuchen und Gebäck

Advent, Advent . . .

Lange bevor es Adventskränze und Weihnachtsbäume gab, wurde frisches Tannen- und Fichtengrün aus den winterlichen Wäldern ins Haus geholt. Nach einem heidnischen Brauch sollten sie zur Zeit der Wintersonnenwende vor den polternden Mächten der Rauhnächte schützen. Grüne Zweige wurden zum Schutz von Mensch und Tier an Haus, Stall und Scheune geheftet.

Aus der Zeit der Jahreswende wurde, in Erwartung der Geburt Christi, die Adventszeit – die Zeit des beginnenden Kirchenjahres. Die Bräuche heidnischer Zeit wurden durch christliche Traditionen abgelöst. Seit etwa 1800 kam der Weihnachtsbaum in Bremen in Gebrauch. So wird im „Bremer Lexikon" berichtet, dass sich 1806 ein Hastedter Bürger über den Diebstahl von Weihnachtsbäumen von seinem Grundstück beim Senat beklagte.

Der Adventskranz als Sinnbild der vier Advents-Sonntage bis Weihnachten wurde erst Mitte des 19. Jahrhunderts gebräuchlich.

Kerzen- und Tannenduft vermischen sich mit dem Duft selbstgebackener Kuchen und Plätzchen – „versüßen" die Wartezeit bis zum Weihnachtsfest.

a) Kuchen

Bremer Butterkuchen

Butterkuchen gibt es in Bremen zu fröhlichen Gelegenheiten wie Hochzeiten, Kindtaufen, Geburtstagen, Konfirmationen und zu traurigen Anlässen wie Beerdigungen. Nur an Weihnachten teilt der Butterkuchen seinen Platz Nr. 1 auf der Kuchenhitliste mit dem allseits beliebten Klaben.

500 g Mehl, 50-125 g Butter, 1 Ei, ¼ Liter Milch,
1 Prise Salz, 4 Esslöffel Zucker, 40 g Hefe

Zunächst Vorteig herstellen: Die Hefe zerbröckeln, mit einigen Esslöffeln lauwarmer Milch und ein wenig Zucker glatt streichen. Das Mehl in eine Schüssel geben, in die Mitte des Mehls eine Vertiefung drücken und die aufgelöste Hefe hineingeben. Vorsichtig so viel Mehl darunter rühren, dass ein weicher Brei entsteht. Das Ganze lässt man zugedeckt so lange an einem warmen Ort gehen, bis der Vorteig seine Größe verdoppelt hat. Dann Zucker, Ei und die lauwarme, zerlassene Butter unter den Vorteig geben. Den Teig kräftig kneten. So viel lauwarme Milch hinzugeben, bis er glatt und geschmeidig ist und sich leicht aus der Schüssel lösen lässt. Den Teig zugedeckt noch einmal an einem warmen Ort aufgehen lassen, nach 1½ Stunden soll er doppelt so hoch sein wie zuvor.

Für den Mandelbelag: *80 g gefrorene Butterflöckchen, 100 g Zucker, 1 Päckchen Vanillezucker, nach Belieben 80 g gehobelte Mandeln*

Den Teig auf einem mit Butter gut eingefetteten Backblech ausrollen. Die gefrorenen Butterflocken gleichmäßig darauf verteilen und das Ganze mit dem Vanillezucker bestreuen. Nach Wunsch noch gehobelte Mandeln darüber streuen.

„Kuchen zum Leide und Kuchen zur Freude,
Gottes Liebe send't alle beide."
(Spruch auf einer alten Backform)

Den Backofen vorheizen. Der Butterkuchen wird circa 20-25 Minuten bei 200 °C auf mittlerer Schiene gebacken. Mit einem Holzstäbchen, das beim Einstechen trocken bleiben muss, kann überprüft werden, ob der Kuchen fertig gebacken ist.

Eine Variante zur Weihnachtszeit: Unter den Zucker für den Belag 1 Teelöffel Zimt und ½ Teelöffel Kardamom mischen.

Kirschbutterkuchen

Diese Butterkuchenvariante wird aus Rührteig zubereitet. Kirschbutterkuchen lässt sich bestens mit anderem Obst variieren, zum Beispiel mit Pfirsichen oder Aprikosen.
Er ist eine gelungene Überraschung, wenn sich unerwartet Gäste zum Kaffee angemeldet haben. Das Rezept für diesen verführerischen Kuchen stammt von Elke Schmidt.

6 Eier, 250 g Zucker, Prise Salz, 1 Päckchen Vanillinzucker, 150 g zerlassene Butter, 300 g Mehl, 1 Päckchen Backpulver, 8 Esslöffel Sahne, 1,5 kg entsteinte Kirschen oder 1 Glas gut abgetropfte Schattenmorellen

***Für den Mandelbelag:** 80 g Butter, 120 g Zucker, 6 Esslöffel Sahne, 160 g gehobelte Mandeln*

Eier, Zucker, Salz und Vanillezucker schaumig rühren und die zerlassene Butter einrühren. Anschließend das mit Backpulver gemischte Mehl und die Sahne darunter mischen.
Den Teig auf eine mit Backpapier ausgelegte Fettpfanne streichen und die gut abgetropften Kirschen darauf legen. Die Früchte müssen nicht in den Teig gedrückt werden. Beim Backen sinken sie nach

unten. Den Butterkuchenteig bei 200 °C Ober- und Unterhitze auf mittlerer Schiene circa 25 Minuten backen.
In der Zwischenzeit für den Mandelbelag die Butter in einem kleinen Topf schmelzen, Zucker, Sahne und gehobelte Mandeln darunter geben und gut rühren. Die Mandelmasse mit einem großen Löffel auf den gebackenen Teig geben und das Ganze anschließend noch etwa 15 Minuten backen. Der Kirschbutterkuchen ist fertig, wenn die Oberfläche goldbraun gebacken ist.

Feiner Pfirsich-Sandkuchen

1 Dose Pfirsiche, 280 g Butter, 200 g Zucker,
1 Päckchen Vanillezucker, 1 Prise Salz, 6 Eier,
300 g Weizenmehl, 1 Teelöffel Backpulver,
nach Belieben Puderzucker zum Bestäuben

Pfirsiche abtropfen lassen und in kleine Stückchen schneiden. Eine Napfkuchenform einfetten und mit Mehl bestäuben.
Eier, Zucker, Vanillezucker, Salz und Butter schaumig schlagen. Mehl, Speisestärke und Backpulver mischen und nach und nach unter die Eicreme heben. Die Pfirsichstücke unter den Teig rühren. Den Sandkuchenteig in der Napfkuchenform verteilen

und im vorgeheizten Backofen bei 175 °C auf mittlerer Schiene etwa 50-60 Minuten backen.

Bremer Klaben

Die meisten Bremer brauchen in der Advents- und Weihnachtszeit ihren Klaben, das hat gute Gründe, denn der Bremer Klaben ist ein besonderer Weihnachtsstollen, der durch seinen hohen Anteil an Butter, Rosinen und Korinthen besonders saftig ist. Allerdings ist Klaben deshalb auch sehr gehaltvoll. Der langjährige Fremdenverkehrsdirektor Hanns Meyer empfahl dazu „eine Kanne bremischen Kaffees und als verdauungsfördernde Belohnung eine echte Bremer Brasilzigarre". Er meinte, es könne sich durchaus auch ein kleiner Cognac dazu gesellen.

Selbst in der Fremde müssen Bremer nicht auf Klaben verzichten. Gut eingeführte Bremer Konditoreien bieten den weltweiten Versand an. Sie liefern das ersehnte Präsent aus der Heimat garantiert frisch an.

Früher wurde der Klabenteig bereits Ende November selbst hergestellt und beim Bäcker ausgebacken. Anschließend wurde der Festtagskuchen in einer trockenen Vorratskammer oder auf dem Speicher kühl gelagert.

Für Klaben, in älteren Kochbüchern „Kloben" genannt, gibt es zahlreiche Familienrezepte. Hans-Horst Forster backt ihn nach einem uralten Klabenrezept, das von Generation zu Generation weitergegeben wurde. Herrn Forsters Lieblingsfrühstück ist eine mit Butter bestrichene Scheibe Vollkornbrot, die mit einer Scheibe Klaben belegt wird – ein nahrhaftes Frühstück, das lange satt hält.
Für einen kleinen Haushalt reicht die Hälfte oder ein Drittel der angegebenen Zutaten für den Klaben, der früher für eine Großfamilie und viele Gäste reichen musste.

3000 g Weizenmehl, 280 g Hefe, 500 g Zucker,
4 Päckchen Vanillezucker, 500 ml warme Milch
375 g Schweineschmalz, 1500 g Margarine,
2500 g Rosinen, 375 g Korinthen, 500 g fein gehackte
Sukkade, abgeriebene Schale und Saft von
2 unbehandelten Zitronen, 60 ml Rosenwasser,
250 g gehackte Mandeln, 1 große Prise Salz,
10 g Kardamom, flüssige Butter zum Bestreichen

Die Hefe in der lauwarmen Milch auflösen; ein Drittel des Mehls hinzugeben und kräftig durchkneten, mit Mehl bedecken und ruhen lassen. Nach 20 Minuten das restliche Mehl, Butter, Zucker, Mandeln, Zitronensaft und Gewürze hinzufügen

und den Teig kneten. 30 Minuten abgedeckt ruhen lassen. Danach die gewaschenen Rosinen, Korinthen und die Sukkade vorsichtig unterarbeiten, einen Klaben formen und in eine mit Butter gefettete Bratform geben.
Den Klaben bei ca. 190 °C auf mittlerer Schiene etwa 2 Stunden backen. Man sollte den Klaben beobachten und ihn gegebenenfalls eine Schiene tiefer setzen, wenn er dunkel zu werden droht. Anschließend mit flüssiger Butter bestreichen.

Schneemustorte

Schneemustorte ist eine leichte Eistorte. Auf den vorgebackenen Tortenboden wird Früchtesahne gegeben. Im Gefrierschrank wird die Schneemustorte gefrostet.

Für den Mürbeteig: *200 g Mehl, 1 Prise Salz, 1 Esslöffel Zucker, 100 g kalte Butter, 1 Esslöffel Öl, 3-4 Esslöffel Wasser*

Für den Mürbeteig in das aufgeschüttete Mehl in die Mitte eine Mulde drücken. Die angegebenen Zutaten hineingeben. Kalte Butterflöckchen über dem Mehl verteilen. Die Zutaten miteinander ververkneten. Das sollte sehr schnell gehen, damit die Butter nicht zu weich wird. Den Teig gleichmäßig auf dem Boden einer mit Backpapier ausgelegten Springform verteilen. Den Tortenboden etwa 30 Minuten bei 200 °C backen und abkühlen lassen.

Für das Schneemus: *500 g Erdbeeren,*

500 ml Sahne, nach Wunsch 1 Tüte fertiges Baiser

Zum Dekorieren: *250 ml Sahne, Erdbeerstückchen*

Erdbeeren mit einem Passierstab zerkleinern. Sahne steif schlagen und mit den Früchten verrühren.
Den Rand der Springform mit einem Streifen Backpapier abdecken und den abgekühlten Tortenboden mit der Erdbeersahne bestreichen. Die Schneemustorte wird noch lockerer, wenn unter die Erdbeersahne fertige kleine Baiserstückchen gemischt werden.
Schneemustorte im Gefrierfach mindestens 4 Stunden tiefkühlen. Die gefrorene Torte mit geschlagener Sahne und Erdbeerstückchen verzieren. Die Torte lässt sich am besten mit einem Elektromesser in 12 gleich große Kuchenstücke schneiden.
Vor dem Servieren sollte die Schneemustorte je nach Außentemperatur etwa eine Stunde vorher aus dem Gefrierschrank genommen werden, damit das Eis nicht mehr hart gefroren, sondern nur noch halbgefroren ist.

Varianten: Schneemustorte lässt sich auch mit anderen passierten Früchten, wie Ananas, Pfirsichen oder Beerenobst, zubereiten.

Eierlikör-Kuchen

5 Eier, 250 g Puderzucker, 1 Päckchen Vanillezucker, 150 g Mehl, 125 g Kartoffelmehl 1 Päckchen Backpulver, 1 Tasse Öl, 1 Tasse Eierlikör

Alle Zutaten zu einem Teig rühren und in eine gut mit Butter gefettete Kastenform geben. Eierlikör-Kuchen wird bei 200 °C 40-50 Minuten gebacken. Wer möchte, kann den ausgekühlten Kuchen mit einem **Eierlikör-Zuckerguss** überziehen. Dazu etwa 100 g Puderzucker mit 1-2 Esslöffel Eierlikör vermischen und mit einem Backpinsel auftragen.

Großmutters Topfkuchen

Dieses Rezept für einen saftigen Topfkuchen stammt von Käthe Heemann. Ihr Schwiegersohn ist ein leidenschaftlicher Bäckermeister und hat das Rezept sorgsam gehütet.

175 g Zucker, 175 g Margarine zum Backen oder 125 g Backmargarine und 50 g Butter, 3 g Salz, 1½ Päckchen Vanillezucker, 1 Fläschchen Backöl Zitrone, 1 Fläschchen Backöl Orange, 4 Eier, 350 g Mehl, ¾ Päckchen Backpulver, 350 g Rosinen, 300 g Apfelstückchen (z. B. Cox Orange)

Die Rosinen nach Belieben am Vortag oder einige Stunden zuvor mit Rum beträufeln. Damit der Rum sich nicht verflüchtigt, abdecken!
Für den Teig Zucker und Margarine schaumig rühren. Die Eier in eine andere Schüssel geben und ebenfalls verrühren. Nun die Eier nach und nach dazugeben.
Das gesiebte Mehl mit dem (durch ein Teesieb durchgesiebten) Backpulver vermischen und das Mehl nach und nach unter die Masse heben und kurz rühren. Rumrosinen und Apfelstückchen unter den Teig mengen. Das Ganze in eine gefettete und mit Mehl bestäubte Napfkuchenform füllen. Topfkuchen auf mittlerer Schiene 50-60 Minuten bei 170 - 180 °C backen.

Köstliche Apfeltorte

Diese erfrischende Torte sollte einen Tag vorher gebacken werden. Da der Belag durch den Pudding seine Festigkeit erlangt, kann dieses Rezept von Elli Forster auch mit anderem Obst und einem dazu passenden Obstsaft gelingen.

Für den Mürbeteig: *250 g Mehl, 150 g Butter, 125 g Zucker, 1 Ei, ¾ Päckchen Backpulver*

Aus den kalten Zutaten einen Mürbeteig kneten und zur Hälfte in eine gut gefettete Springform geben. Mit der anderen Teighälfte einen ca. 3 cm hohen Rand formen.

Für den Belag: *1 Flasche Apfelsaft (naturtrüb), 3 Päckchen Puddingpulver zum Kochen (Vanille), 1 kg Boskop-Äpfel, 150 g Zucker, Rumrosinen nach Wunsch, ½ l Sahne, 40 g gehobelte Mandeln*

Zunächst das Puddingpulver mit 6 Esslöffel Zucker mischen. Nach und nach mit 12 Esslöffel Apfelsaft glatt rühren und bereitstellen.
Äpfel schälen und in Stücke schneiden, kurz dünsten, dann mit dem übrigen Apfelsaft aufkochen. Puddingpulver und den restlichen Zucker hineingeben und unter Rühren mindestens eine Minute kochen. Den Apfelpudding auf den Teig geben und

die Apfeltorte bei 170 °C circa 50-60 Minuten backen. Damit die Torte eine feste Konsistenz bekommt, lässt man sie am besten einen Tag in der Form stehen und stellt sie, sobald sie abgekühlt ist, in den Kühlschrank.
Vor dem Servieren wird ein halber Liter geschlagene Sahne auf der Torte verteilt und mit Mandeln bestreut.

Wickelkuchen

Teig: *600 g Mehl, 200 g Butter, 1/8 l Milch, 40 g Hefe, 10 ml Rosenwasser, 1 Ei, 2 Teelöffel Zimt, abgeriebene Zitronenschale, 100 g Zucker*

Füllung: *200 g Butter, 200 g Zucker, 1 Päckchen Vanillezucker, 200 g gemahlene Mandeln, 2 Teelöffel Zimt, 10 ml Rosenwasser, nach Belieben 125 g fein gehackte Sukkade*

Zum Bestreichen: *1 Ei, 10 ml Rosenwasser*

Zunächst Vorteig herstellen: Die Hefe zerbröckeln, mit einigen Esslöffeln lauwarmer Milch und ein wenig Zucker glatt streichen. Das Mehl in eine Schüssel geben, in die Mitte des Mehls eine Vertiefung drücken und die aufgelöste Hefe hineingeben. Es wird vorsichtig so viel Mehl darunter gerührt, dass

ein weicher Brei entsteht. Das Ganze lässt man zugedeckt so lange an einem warmen Ort gehen, bis der Vorteig seine Größe verdoppelt hat.
Dann gibt man Zucker, die lauwarme, zerlassene Butter, Ei, Rosenwasser und die abgeriebene Zitronenschale unter den Vorteig. Den Teig kräftig kneten. So viel lauwarme Milch hinzugeben, bis der Teig glatt und geschmeidig ist und sich leicht aus der Schüssel lösen lässt. Nun den Teig mit etwas Mehl nicht zu dünn zu einem Rechteck ausrollen.
Für die Füllung die zerlassene Butter, Zucker, Mandeln, (Sukkade nach Belieben) Rosenwasser und Vanillezucker vermischen und gleichmäßig über den Teig streichen, dann lose aufrollen und den Wickelkranz 1-2 Std. an einen warmen Ort gehen lassen. Vor dem Backen den Teig mit Ei und Rosenwasser bestreichen und bei 220 °C etwa 20-30 Minuten auf mittlerer Schiene backen.

b) Gebäck

Zimt-Hefeschnecken

Für den Hefeteig: *500 g Mehl, 1 Päckchen Hefe, 125 ml lauwarme Milch, 75 g Zucker, 1 Prise Salz, etwas Kardamon*

Für die Füllung: *40 g flüssige Butter, 4 Esslöffel Zucker, 2 Teelöffel Zimt, 1 Teelöffel Kardamon*

Für den Teig die Hefe mit der lauwarmen Milch und dem Zucker auflösen und unter das Mehl kneten, eine Prise Salz und etwas Kardamon dazugeben. Den Teig etwa 30 Minuten an einem warmen Ort gehen lassen.
Aus dem Teig zwei rechteckige Platten ausrollen, mit der flüssigen Butter einpinseln und die Rechtecke gleichmäßig mit Zucker, Zimt und Kardamon bestreuen und einrollen.
Jede Rolle in etwa 10-12 Stücke schneiden. Die Zimt-Hefeschnecken auf ein gefettetes, bemehltes Blech setzen und bei 220 °C etwa 15 Minuten hellbraun backen.

Stutenkerle (Pfeifenmännchen)

Diese lustigen Hefeteig-Figuren gibt es nur zur Adventszeit. Sie „blinzeln“ dem Betrachter mit ihren zuckersüßen Rosinenaugen schelmisch zu und „paffen“ dabei ihre Tonpfeife. Sie sollten auf keinem Nikolausteller fehlen. Tonpfeifen gibt es in einigen Tabakwarengeschäften preiswert zu kaufen.
Früher freuten sich die Kinder besonders über die Pfeifen, denn sie konnten damit schillernde Seifen-

blasen in die Luft pusten. Die Seifenlauge wurde selbst hergestellt.

Zutaten für 5 Stutenkerle: *500 g Weizenmehl, 1 Päckchen frische Backhefe, 2 Esslöffel Zucker, 1 Päckchen Vanillezucker, 1 gestrichenen Teelöffel Salz, 1 Ei, 80 g Butter oder Margarine, 125 ml lauwarme Milch*

Zum Verzieren: *5 Tonpfeifen, Rosinen*

Zum Bestreichen: *1 Eigelb mit 1-2 EL Milch verquirlen*

Mehl in eine Schüssel sieben, die Hefe mit der Zucker und etwas Milch auflösen und unter das Mehl rühren. Nun die restlichen Zutaten zufügen und alles zu einem glatten Knetteig verarbeiten. Den Teig an einem warmen Ort etwa 30 Minuten gehen lassen und anschließend nochmals gut durchkneten. Für die Stutenkerle den Teig etwa 1,5 cm dick ausrollen.

Es ist ratsam, sich als Vorlage für die Stutenkerle eine Pappschablone anzufertigen. Dazu malt man ein Männchen auf eine feste Pappe und schneidet die Figur aus. Sie sollte etwa 20 cm hoch und 10 cm breit sein. Nun wird der Pappschablonen-Stutenkerl auf den Teig gelegt und mit einem Messer aus-

geschnitten. Als Augen werden Rosinen in den Teig gedrückt. Je nach Fantasie bekommt jeder Stutenkerl noch einen Mund, Jackenknöpfe oder einen Bauchnabel aus Rosinen.
Jetzt die Männchen noch mit dem verquirlten Eigelb bestrichen. Jedem Stutenkerl wird eine Tonpfeife auf den Bauch gedrückt. Mit einem Arm kann er die Pfeife festhalten, damit sie besser hält.
Auf einem gefetteten Backblech sollten die Pfeifenmännchen abgedeckt nochmals 20 Minuten gehen. Dann werden sie etwa 15-20 Minuten im Backofen bei etwa 180-200 °C goldbraun gebacken.

Apfelbombeisges /Apfel-Ballbäuschen

Bombeisges sind eine Art Poffertjes. Sie wurden früher in jedem Bremer Haus gebacken. Der Name Bombeisges ist eine Verballhornung der französischen Bezeichnung „bon baisers“ („gute Küsschen“). Zum Backen wird eine runde Kräpfchenpfanne mit sieben Vertiefungen benutzt. Dieses Rezept für die leckeren Gebäckkugeln stammt von Betty Gleim („Bremisches Kochbuch“ aus dem Jahre 1834). Das Rezept wurde den heutigen Mengen- und Zutatenbezeichnungen entsprechend umgeschrieben.

500 g Mehl, 60 g Hefe, 350 ml lauwarme Milch oder Wein, 4 Esslöffel Zucker, 2 Teelöffel gemahlener Kardamom, 2 Teelöffel gemahlener Zimt, 350 g in kleine Würfel geschnittene Äpfel, etwas Butter zum Einfetten der Pfannenmulden, Zucker zum Bestreuen

Die Hefe mit etwas Milch oder Wein und etwas Zucker auflösen, Eier, Zucker, Kardamom und Zimt hinzufügen. Das Mehl und die restliche Milch darunter rühren. Zum Schluss die Apfelstücke unter den Teig geben. Teig 15 Minuten an einem warmen Ort gehen lassen. Die heißen Pfannenmulden mit Butter einfetten. Je einen Esslöffel Teig in jede Vertiefung der Bombeisgespfanne geben und die kleinen Kuchen von beiden Seiten goldbraun backen. Sie werden warm serviert und mit Zucker bestreut.

Hedwigs / Heißwecken

Hedwigs waren urspünglich ein beliebtes Faschingsgebäck und wurden nur am Fachingsdienstag gegesssen – aber auf eine ganz besondere Art: Der Deckel der Heißwecken wurde abgeschnitten. Sie wurden mit frischer Butter, Zimt und

Zucker gefüllt. Der Deckel wurde wieder darauf gesetzt. Nun wurden die „Hedde Weggen“ (die heißen Wecken), die deshalb auch Hedwigs genannt werden, in einen Suppenteller gelegt, mit heißer Milch übergossen und genussvoll gelöffelt.
In Bremer Bäckereien wird dieses Gebäck heute noch ganzjährig angeboten.
Heißwecken gehören zu einem guten Bremer Frühstück. Mit Butter bestrichen, schmecken sie noch köstlicher. Hier das Rezept von Bäckermeister Rolf Wagner:

Für 20 Heißwecken: *350 g Mehl, 220 g Wasser oder Milch, 50 g Hefe, 50 g Zucker, 100 g Butter, 4 g Salz, je nach Belieben 50 g Sukkade, 220 g Rosinen*

Aus Mehl, Milch und Hefe wird ein Hefestück angesetzt. Nachdem die Masse aufgegangen ist, werden die übrigen Zutaten – mit Ausnahme von Rosinen und Sukkade – dazugegeben. Unter den fertigen Teig werden dann die Rosinen und die Sukkade gemischt. Den fertigen Teig ½ Stunde ruhen lassen und noch einmal kurz durchkneten.
Die Teigstücke werden rund geformt, auf ein mit Backpapier ausgelegtes Blech gesetzt, etwas flacher gedrückt und mit „Ei-Streiche“ eingepinselt. Dazu werden 2 Eier mit einer Gabel geschlagen, wenn nötig, gibt man noch ein Paar Tropfen Wasser dazu.

Dann lässt man den Teig 30 Minuten gehen und bestreicht die Hedwigs noch einmal mit „Ei-Streiche“.
Sie werden im vorgeheizten Backofen 15-20 Minuten bei 200 °C gebacken.

Bremer Zwieback

Bremer Zwieback ist ein innen lockeres, rundes („zwiegebackenes“) Weizengebäck mit einer knusprigen Außenseite und enthält etwas Fett und etwas Zucker. Diese ausführliche Beschreibung ist im „Bremer Lexikon“ von Werner Kloos und Reinhold Thiel über den Bremer Zwieback zu finden. Die Autoren weisen darauf hin, dass das Gebäck in Bremen mit süßer oder salziger Auflage gegessen wird. So zum Beispiel als **Bremer Butterbrot:** Der Zwieback wird dick mit Butter bestrichen, mit Granat (Krabben) belegt und obendrauf kommt noch ein Spiegelei.
Eine andere Bremer Spezialität ist das **Bremer Brot,** dazu wird Vollkornbrot (allerdings ohne Zwieback) auf die gleiche Weise belegt. Echten Bremer Zwieback gibt es in manchen Bäckereien, insbesondere aber in den kleinen Bäckereien im Schnoor, dem ältesten Viertel Bremens, zu kaufen. Wer Zwieback selbst herstellen möchte, dem sei dieses Rezept, das

ebenfalls von Herrn Wagner stammt, verraten:

130 g Butter, 80 g Zucker, 2 Eier, 500 g Mehl,
1 Päckchen Backpulver, 1/8 l Milch

Butter zusammen mit den Eiern und dem Zucker schaumig rühren, das mit Backpulver gemischte Mehl und die Milch darunter rühren. Den fertigen Teig in eine mit Backpapier ausgelegte Kastenform füllen und etwa 20 Minuten bei 200 °C und dann noch 25 Minuten bei 180 °C backen. Am nächsten Tag wird das Gebäck in Scheiben geschnitten, die auf einem gefetteten Backblech hellbraun geröstet werden.
In einer Blechdose aufbewahrt, halten sich Zwiebäcke eine lange Zeit.

Köstliches vom Weihnachtsmarkt

Bummel über den Weihnachtsmarkt

Mit seinen liebevoll weihnachtlich geschmückten Ständen lädt der Bremer Weihnachtsmarkt in der Vorweihnachtszeit seine Besucher zu einem ausgiebigen Bummel in Bremens „gute Stube“ rund um Rathaus und Roland, Bremens Wahrzeichen für die „Freiheiten“, die Rechte der Stadt, ein.

Wer ein ausgefallenes Weihnachtsgeschenk oder Traditionelles für den Weihnachtsbaum sucht, wird hier sicher etwas finden: Stände mit festlichem Baumschmuck, handgeschnitzten Holzkrippen, leuchtenden Weihnachtspyramiden, Kinderspielzeug, ein „echter Weihnachtsmann“, eine Schiffsschaukel, das kleine Riesenrad, Kinderkarusselle, der Duft von gebrannten Mandeln, Schmalzkuchen, Glühwein und leckeren Speisen und vieles mehr vermögen, die Weihnachtsmarktbesucher zu verzaubern.

Ganz bescheiden mit einigen Buden unter den Rathausarkaden fand im Jahre 1857 der erste Bremer Weihnachtsmarkt statt. Später wurde der Weihnachtsmarkt auf den Liebfrauenkirchhof und 1924 auf den Marktplatz ausgedehnt. Mit wenigen Ausnahmen wurde der Weihnachtsmarkt dort immer veranstaltet.

Seit 2004 wurde der vorweihnachtliche Markt durch historische und winterliche Attraktionen und

Stände an Bremens Weserpromenade Schlachte erweitert.
In der Vorweihnachtszeit wird die ganze Innenstadt zu einem Meer von Düften, Lichtern und fröhlichen Menschen. Wer über den Weihnachtsmarkt schlendert, sollte nicht versäumen bei dem Denkmal der Bremer Stadtmusikanten vorbei zu gehen. Dieses 1953 von Prof. Gerhard Marcks geschaffene Werk ist an der Westseite des Rathauses zu finden. Wer sich aber zwischendurch einmal aufwärmen möchte, dem sei ein Besuch im Bremer Ratskeller empfohlen. Hier gibt es im historischen Weinkeller eine außergewöhnliche Vielfalt an Weinen aus deutschen Weinanbaugebieten.

Gebrannte Mandeln

Jeweils 200 g geschälte Mandeln werden mit 100 g Puderzucker und einer Tasse Wasser in eine Pfanne gegeben und auf kleiner Flamme erhitzt. Je nach Wunsch etwas Zimt oder etwas Vanillezucker hinzufügen. Mit einem Holzlöffel solange rühren, bis das Wasser verdunstet ist. Dann die Temperatur ein wenig erhöhen und weiterrühren, bis der Zucker schmilzt. Sobald der Zucker braun und durchsichtig wird, den Herd ausschalten und die Pfanne vom Herd nehmen. Die gebrannten Mandeln zum

Abkühlen auf Backpapier legen. Vorsicht! Die Mandeln sind glühend heiß.

Tipp: Auf die gleiche Weise lassen sich auch Nüsse oder Sonnenblumenkerne mit Zucker karamellisieren.

Lebkuchenteig für Herzen und Figuren

An der „Unser Lieben Frauen Kirche“ gibt es einen riesengroßen Weihnachtskalender. Er wurde von den Bremer Schaustellern und Marktkaufleuten gespendet. Hier erwartet Groß und Klein täglich mit Spannung, wie wieder ein Türchen geöffnet wird. Bekannte Bremer Persönlichkeiten verteilen dort zusammen mit dem Weihnachtsmann Lebkuchenfiguren an die Kleinen.
Hier ein altes Rezept von Käte Hilker für alle, die noch mehr Appetit auf Lebkuchen haben.

150 g Butter, 2 ganze Eier, 4 Eigelb, 500 g weißer oder brauner Zucker, 750 g Mehl, 1½ Päckchen Backpulver, 250 g fein geriebene Mandeln, 175 g fein geschnittene Sukkade, 20 g Zimt, 1 Teelöffel gemahlene Nelken, ½ geriebene Muskatnuss, die abgeriebene Schale von ½ unbehandelten Zitrone

Zucker und Butter in einem kleinen Topf erwärmen, abkühlen lassen und in eine große Schüssel geben. Ei, Mandeln, Sukkade und Gewürze hinzufügen. Mehl und Backpulver mischen, und nach und nach darunter kneten. Den Teig 2 Stunden ruhen lassen, dann ½ cm dick ausrollen und beliebige Figuren und Formen ausstechen.
Die Lebkuchen auf mittlerer Schiene im Backofen bei 175-200 °C circa 15-20 Minuten backen.

Zum Verzieren der Figuren und Lebkuchenherzen eignen sich Zuckerglasuren. Für eine **weiße Spritzglasur** 125 g Puderzucker sieben und mit 1 Eiweiß gründlich verrühren. Nach und nach vorsichtig einige Tropfen Zitronensaft zufügen, bis eine dicke, spritzfähige Glasur entsteht. Das vorbereitete Gebäck sofort damit verzieren.
Mit Lebensmittelfarben können auch **farbige Glasuren** hergestellt werden. Sie eignen sich besonders zum Dekorieren von Lebkuchenherzen. Mit den Glasuren lassen sich für Weihnachtsmarktherzen fantasievolle Blumen, Verzierungen, Grüße und Namen gestalten.

Liebesäpfel (Paradiesäpfel)

Von Natur aus rote Weihnachtsäpfel schmecken selbstverständlich auch ohne süße Glasur, aber was wäre ein Weihnachtsmarkt ohne Liebesäpfel? Mit ihrem leuchtenden Rot scheinen sie eine erstaunliche Anziehungskraft auf Kinder und auf Verliebte zu haben. Außen ist der Liebesapfel knackig und süß, innen säuerlich und saftig. Glasklar und durchscheinend muss die Zuckerhaut von einem perfekten Liebesapfel aussehen, deshalb sollte der Zucker für die Glasur genau mit der richtigen Temperatur eingekocht werden. Ein Zuckerthermometer (im Gastronomiefachhandel erhältlich) hilft die genaue Temperatur zu bestimmen.

6 gleich große Golden Delicious, 6 Holzstäbchen, 550 g Zucker, 1/16 l Wasser, 1 Teelöffel rote Speisefarbe, 1 Teelöffel Essig

Die Äpfel waschen und sehr gründlich abtrocknen, den Stiel entfernen und statt dessen das Holzstäbchen hineinstecken. Ein Tablett zum Abtropfen mit 4 Esslöffel Zucker bestreuen.
Zucker, Wasser, Speisefarbe und Essig in einem Edelstahl- oder Kupfertopf mit dickem Boden aufkochen lassen. Sprudelnd kochen lassen, bis das Zuckerthermometer eine Temperatur von 150 °C anzeigt. Dann den Topf sofort vom Herd nehmen.

Die Äpfel schnell nacheinander in die Glasur tauchen, drehen und wenden, bis jeder Apfel vollständig damit überzogen ist. Nun die Liebesäpfel kopfüber auf das Tablett setzen und abkühlen lassen.

Variationen: Auch andere Obstsorten lassen sich auf diese Art mit Zucker glasieren; zum Beispiel Weintrauben, Birnenschnitze oder feste Pfirsiche.

Moppen (Pfeffernüsse)

Ältere Menschen erzählen mit einem Leuchten in den Augen vom „Moppenonkel“. Der Moppenonkel, Johann Hermann Vajen, war eine Bereicherung für den Weihnachtsmarkt, aber auch für den Bremer Freimarkt. Bei Kindern und Erwachsenen war er wegen seiner lustigen Sprüche gleichermaßen beliebt.

Mein Herr, Sie sind wohl Lehrer?
Ich glaub, Sie sind auch Moppenverzehrer!
Gleich werden Sie das Gewünschte kriegen!
Ich will bloß mal eben wiegen.

Meine Damen, Sie haben wohl Liebesschmerz?
Och, die Moppen sind gut fürs Herz!
Ein Pfund bekommt der liebe Schatz!
Oh wie süß schmeckt dann son Schmatz.

Seinen Spitznamen verdankte der Moppenonkel den leckeren Moppen, die es an seinem Süßigkeitsstand gab. Er war ein Bremer Original und wird sogar in „Das große Bremen-Lexikon“ von Herbert Schwarzwälder erwähnt.
Moppen sind kleine Pfeffernüsse mit Zuckerglasur. Sie sind besonders lange haltbar. Neben Lebkuchenherzen ist dieses Advents- und Weihnachtsgebäck auch jetzt noch auf den Bremer Märkten zu finden. Aber die Bezeichnung Moppen ist verloren gegangen. Sie werden auf den Weihnachtsmärkten als Pfeffernüsse angeboten und schmecken wohl auch etwas anders – ohne den Moppenonkel.

500 g Mehl, 1 Päckchen Backpulver, 300 g Zucker, abgeriebene Schale 1 unbehandelten Zitrone, 1 Esslöffel Zimt, 1 Teelöffel Ingwerpulver, 1 Teelöffel Kardamom, 1 Teelöffel gemahlene Nelken, 1 Prise Salz, 2 Eier, 6 Esslöffel Milch, 50 g gemahlene Mandeln

***Zitronenglasur:** 250 g Puderzucker, 3-4 Esslöffel Zitronensaft*

Aus den Zutaten für den Teig einen Knetteig herstellen. Den Teig eine Stunde im Kühlschrank aufbewahren. Anschließend aus dem Teig circa 2 cm dicke Rollen formen. Die Rollen in 3 cm dicke

Scheiben schneiden. Aus den Scheiben etwa walnussgroße Kugeln formen. Die Kugeln werden auf ein mit Backpapier belegtes Blech gelegt und bei 175 °C etwa 15 Minuten gebacken. Während des Backens wird die Glasur aus Puderzucker und Zitronensaft gerührt. Die noch heißen Moppen werden damit bestrichen.
Wer möchte, kann die Moppen noch mit bunten Zuckerstreusel oder Schokoladenstreusel bestreuen.

Schmalzkuchen

Schmalzkuchen waren schon im Mittelalter eine beliebte Fastenschlemmerei. Bis heute haben sie noch nichts von ihrer Attraktivität eingebüßt. Was wäre ein Bummel über den Weihnachtsmarkt ohne eine Tüte Schmalzkuchen mit reichlich Puderzucker? Das stürmische Bremer Wetter garantiert, dass sich der Puderzucker gleichmäßig verteilt.
Früher wurden die Schmalzkuchen in Schmalz und Butter gebacken. Heute empfiehlt es sich, Pflanzenöl zu verwenden.

40 g Hefe, 1 Teelöffel Zucker, ¼ l lauwarme Milch, 500 g Mehl, 70 g Butter, 50 g Zucker, 1 Prise Salz, 2-3 Eier, Fett zum Ausbacken, Puderzucker oder Zimtzucker zum Bestreuen

Die Hefe in der Milch mit einem Teelöffel Zucker auflösen. Das Mehl in eine Schüssel geben, in die Mitte eine Vertiefung drücken, die aufgelöste Hefe hineingeben und mit der erwärmten Butter, Salz und Zucker zu einem Teig verkneten. Nun die Eier darunter geben und solange kneten, bis der Teig sich von der Schüssel löst. Zugedeckt soll der Teig nun an einem warmen Ort 30 Minuten ruhen und dabei sein Volumen verdoppeln. Den Teig erneut kneten und auf einem bemehlten Backbrett ½ cm dick ausrollen. Mit dem Messer oder einem Backrädchen den Teig in kleine Dreiecke schneiden und die Schmalzkuchen in siedendem Fett hellgelb ausbacken. Die heißen Schmalzkuchen abtropfen lassen und mit Puderzucker bestreuen.

Tipp: Schmalzkuchen schmecken auch vorzüglich mit warmer Vanillesauce und einem Klecks Erdbeersauce.

Berliner Pfannkuchen

Selbstverständlich gibt es Berliner Pfannkuchen in Bremen auch zum Fasching. Hier werden „Berliner“ aber auch zu Silvester und zu anderen Festlichkeiten angeboten. Zu diesen Gelegenheiten zählen ohne Zweifel Freimarkt und Weihnachtsmarkt.

Für Berliner Pfannkuchen den Hefeteig wie für Schmalzkuchen (siehe Rezept Seite 94) vorbereiten. Sollte der Teig zu weich sein, etwas Mehl unterkneten. Den Teig 1 cm dick ausrollen. Mit einem Wasserglas runde Plätzchen ausstechen und die Hälfte aller Plätzchen in der Mitte mit einem Teelöffel dicker Marmelade oder Pflaumenmus belegen. Man darf aber nicht zu viel hineingeben, da sonst die Füllung beim Backen ausläuft und das Fett unbrauchbar macht. Nun die leeren Plätzchenhälften auf die Plätzchenhälften mit Füllung legen und den Rand fest andrücken.

Zugedeckt lässt man die Küchlein an einem warmen Ort 15 Minuten gehen. Dann werden sie mit der Unterseite nach oben in nicht zu heißem Öl gebacken. Sobald die Unterseite goldbraun gebacken ist, werden sie gewendet. Nach dem Herausnehmen abtropfen lassen und mit Glasur bestreichen oder mit Zucker und Zimt oder Puderzucker bestreuen.

Schokospieße

Holzspieße, verschiedene frische Früchte,
Saft einer ½ Zitrone, 1 Tafel Zartbitterschokolade

Verschiedene Obstsorten der Jahreszeit, wie zum Beispiel Bananen, Ananas, Äpfel, Apfelsinen und Mandarinen, in kleine Stücke schneiden und auf Holzspieße aufspießen. Werden Bananen verwendet, die Bananenscheibchen auf beiden Seiten mit dem Saft der ½ Zitrone beträufeln, damit sie nicht braun werden.
Die Schokolade in kleine Stückchen brechen, im Wasserbad erwärmen und schmelzen. Anschließend die flüssige Schokolade mit einem kleinen Löffel über die Früchte geben.

Poffertjes

2 Esslöffel Mehl, 2 Eigelb, 2 Esslöffel Kaffeesahne,
½ Esslöffel Zucker, 2 Eiweiß, 1 Teelöffel Backpulver,
etwas Butter zum Einfetten der Pfannenmulden

Mehl, Eigelb, Kaffeesahne und Zucker zu einem steifen Teig verrühren. Eiweiß zu Schnee schlagen und mit dem Backpulver unter den Teig heben. Mit einer Teigspritze den Teig in die eingefetteten Pfannnenmulden einer Poffertjespfanne geben. Wenn eine Seite goldbraun gebacken ist, die Poffertjes mit Hilfe einer Holzgabel wenden und die andere Seite ebenfalls goldbraun backen.

Serviervorschlag: Die Poffertjes unbedingt warm servieren. Sehr gut schmecken Poffertjes mit Butter bestrichen und mit Puderzucker bestreut. Dazu schmeckt Kompott.

Waffeln

Waffeln wurden zu Urgroßmutters Zeiten in gusseisernen Waffeleisen auf dem Herd gebacken. Die Backflächen wurden mit Speckschwarte eingerieben. Während des Backens musste das schwere Waffeleisen gewendet werden. Im Küchenherd knisterte das Holzfeuer und strömte behagliche Wärme aus.

250 g weiche Butter, 200 g Zucker, 2 Päckchen Vanillezucker, 6 Eigelb, ½ l warme Milch, 1 Teelöffel Backpulver, 500 g Mehl, 6 Eiweiß zu Eischnee geschlagen, etwas geriebene Zitronenschale

Butter, Zucker, Vanillezucker und Eier schaumig rühren, dann nach und nach das gesiebte, mit Backpulver gemischte Mehl hinzufügen und zu einem Teig rühren, Milch und abgeriebene Zitrone dazugeben. Zum Schluss Eischnee vorsichtig unterziehen und die Waffeln im Waffelautomat backen.
Die Teigmenge ergibt circa 15-20 Waffeln, die sich hervorragend mit heißen Kirschen oder Himbeeren und Schlagsahne verfeinern lassen.

Plätzchen

Plätzchen zu backen, ist ein sinnliches Vergnügen, erinnern sie uns doch an unsere Kinderzeit, als der liebliche Duft von Plätzchen durchs Haus strömte und die Vorfreude auf das Weihnachtsfest noch vergrößerte. Früher gab es nur kleine Kostproben der Plätzchen. Sie wurden für das Weihnachtsfest aufbewahrt, dadurch blieben sie etwas Besonderes. Wie sehnsüchtig Nikolaus und Weihnachtsmann und ihre Gaben von „den lüttjen Leckersnuten“ erwartet wurden, zeigt dieses liebevolle Gedicht des 1861 in Bremen geborenen Johann Beyer, das in der Zeitschrift „Niedersachsen“ veröffentlicht wurde.

Sunnerklaus

Nu kiek ins, wo is de Häwen so rot!
Dat sund de Engels, se backt dat Broot,
Se backt den Wiehnachsmann sien Stuten
For all de lüttjen Leckersnuten.

Nu gau de Tellers unner't Bett,
Un leggt jo hen und weest recht nett!
De Sunnerklaus steiht vör de Dör,
De Wiehnanchsmann, de schickt em her.

Wat de Engels backt hefft, dat schullt ji probeern,
Un smeckt et jo good, so hört se dat geern.
Un de Wiehnachsmann lacht: „Nu backt man mehr!“
Och, wenn't doch man eerst Wiehnachen weer!

Braune Kuchen

Viel Geduld brauchen Braune-Kuchen-Bäcker für die Herstellung dieser Bremer Spezialität, denn der Lebkuchenteig sollte möglichst einige Tage ruhen. Aber es lohnt sich. Mit einer guten Tasse Kaffee oder Tee aus Bremen und einem Klecks Orangenmarmelade sind Braune Kuchen eine Köstlichkeit.

250 g Butter, 250 g Zucker, 250 g Sirup,
je 1 Teelöffel Kardamom, Nelken, Zimt,
etwas abgeriebene Zitronenschale und etwas
abgeriebene Apfelsinenschale (beides ungespritzt),
1000 g Mehl, 3 Esslöffel Rum, 17-20 g Pottasche

Butter, Zucker, Sirup und Gewürze aufkochen. Die Pottasche mit 2-3 Esslöffel Wasser auflösen und unter das Mehl geben. Das Mehl zu der heißen Zuckermasse geben und zu einem Teig kneten. Der Teig sollte mindestens einen Tag an einem kühlen Ort ruhen. Noch feiner schmeckt das Gebäck, wenn der Teig eine Woche ruht. Sollte der Teig zu trocken sein, Butter unterkneten.
Den Teig dünn ausrollen, Plätzchen ausstechen und auf einem mit Backpaier ausgelegten Blech bei 175 °C etwa 8-10 Minuten backen. Braune Kuchen sollen kross gebacken werden.

Nimm die Geduld als Magd ins Haus;
Sie hilft dir ein, sie hilft dir aus.
Doch hüt' dich, wenn sie herrschen will,
Sonst steht die ganze Wirtschaft still.

(aus: Bremischer Haushaltungs-Calender für den Bürger und Landmann von 1824)

Zimtsterne

2 Eiweiß, 250 g Puderzucker, 250-350 g mit der Schale geriebene Mandeln, 1 Teelöffel Zimt, 1 Teelöffel Rum, 1 Päckchen Vanillezucker

Eiweiß zu sehr steifem Schnee schlagen, nach und nach den gesiebten Puderzucker zufügen. Von der Schaummasse eine halbe Tasse abnehmen und zum Bestreichen zurückstellen.
Mandeln und Gewürze zu der Schaummasse geben und vorsichtig vermengen. Auf einem mit Puderzucker dick bestreuten Backbrett ½ cm dick ausrollen und Sterne ausstechen. Die Sterne auf ein gefettetes, mit Mehl bestäubtes Backblech legen oder auf Backpapier setzen. Nun werden sie mit dem vorher zurückgestellten Guss bestrichen. Die Sterne bei schwacher Hitze (150 °C) etwa 15 Minuten mehr trocknen als backen.

Vanillehörnchen

300 g Mehl, 125 g Zucker, 1 Prise Salz, Mark von 1 Vanilleschote, 2 Eigelb, 200 g kalte Butter, 100 g gemahlene Mandeln, 2 Päckchen Vanillezucker zum Bestreuen

Mehl auf ein Backbrett sieben und eine Vertiefung hineindrücken. Zucker, Salz, Vanillemark, Vanillezucker und Eigelb hineingeben und zusammen mit einem Teil des Mehls zu einem Brei verkneten. Jetzt die Butter in Flocken und die Mandeln hinzufügen und zu einem glatten Teig kneten. Den Teig zu Rollen (etwa 2 cm Durchmesser) formen und abgedeckt circa 30 Minuten kalt stellen. Ein Backblech mit Backpapier auslegen. Die Rollen in fingerdicke Stücke teilen und die Stücke zu Hörnchen formen. Die Vanillehörnchen auf dem Blech nicht zu dicht nebeneinander legen. Bei 180 °C im vorgeheizten Backofen auf mittlerer Schiene 20 Minuten backen. Solange die Plätzchen noch heiß sind, werden sie in Vanillezucker gewälzt.

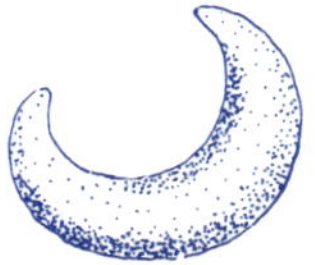

Butterplätzchen

100 g weiche Butter, 150 g Mehl, 50 g Zucker,
1 Prise Salz, Mark von einer Vanilleschote,
1 Eigelb, zum Verzieren: Pistazien, Mandelstifte,
Zuckerstreusel

Mehl, Butter, Zucker, Salz, Vanillemark, Eigelb und 1 Esslöffel kaltes Wasser zu einem geschmeidigen Teig kneten. Den Teig, in Klarsichtfolie gewickelt, 30 Minuten in den Kühlschrank legen. Danach den Plätzchenteig auf einer bemehlten Arbeitsfläche etwa 5 mm dick ausrollen und mit verschiedenen Plätzchenformen ausstechen. Die Plätzchen auf ein mit Backpapier ausgelegtes Blech legen und nach Belieben mit Pistazien, Mandelstiften und Zuckerstreusel verzieren. Plätzchen im vorgeheizten Backofen bei 200 °C 10-15 Minuten backen. Zum Abkühlen auf einem Kuchengitter auskühlen lassen.

Neujahrskuchen (Neujahrsgebäck)

Diese feinen Zimtwaffeln werden nicht nur zur Jahreswende und bis Ende Januar gebacken, auch in der Advents- und Weihnachtszeit findet das Gebäck bereits großen Anklang.

Neujahrskuchen wurden früher in einem gußeisernen Eiserkucheneisen auf dem Kohleherd gebacken. Dazu musste das Eisen mit Speckschwarte eingefettet werden. Heute ist die Herstellung etwas einfacher geworden. Für diese dünnen Waffeln gibt es spezielle elektrische Neujahrskucheneisen (Hörnchenautomaten). Neujahrskuchen werden dünn ausgebacken und schnell zu einer Tüte oder einer Rolle gedreht. Besonders gut schmecken Neujahrskuchen mit Schlagsahne, Schokoladensahne oder Eierlikörsahne. Sie werden nicht nur zu Kaffee und Tee, sondern auch zu Glühwein und Grog angeboten.
Da der Teig einige Stunden ziehen sollte, ist es besser ihn abends anzusetzen und morgens zu backen. Alle Zutaten sollten Zimmertemperatur haben, damit die Hörnchen gleichmäßig gebacken werden können.

250 g Mehl, 175 g Butter, 175 g Kandis, ½ l Wasser,

1 Ei, 1 Prise Salz, 1 Päckchen Anis, etwas Zimt

Kandis mit Wasser und Anis aufkochen, auflösen und anschließend abkühlen lassen. Mehl, Butter, Ei und Salz mit so viel Zuckerwasser verrühren, dass er noch gut vom Löffel fließt. Nun den Teig dünn auf das Neujahrskucheneisen geben, ausbacken und schnell aufrollen solange die Kuchen noch heiß sind. Abkühlen lassen. In Dosen gefüllt, halten sich Neujahrskuchen sogar einige Wochen. Am besten schmecken sie aber frisch gebacken.

Hier noch eine andere hauchdünne Neujahrskuchen-Variante von Anna Schaaf. Früher wurde das Gebäck in großen Milchkannen aufbewahrt und hielt sich darin oft bis zum Sommer.

250 g Margarine, 250 g Zucker, 5 Eier, 500 g Mehl, 500 ml Milch, 500 ml Wasser, 1 Päckchen Anis.

Vom Bremer Sunnerklauslaufen (Nikolauslaufen)

Der heilige Nikolaus wird in Deutschland seit dem 10. Jahrhundert n. Chr. verehrt. Um ihn ranken sich viele Legenden. Allerdings ist die Person, die wir uns als Nikolaus vorstellen, in Wirklichkeit eine Kombination von zwei Gestalten: dem Bischof Nicolaus von Myra in Lykien (Kleinasien), der im 4. Jahrhundert gelebt haben soll, und dem Abt Nikolaus von Sion, der 200 Jahre später Bischof von Pinara wurde. Schon im 6. Jahrhundert sprach man nur von dem einen Nikolaus.
Im Mittelalter war Nikolaus der bekannteste Heilige. Ihm wurden in Deutschland mehr als

2000 Kirchen geweiht. In vorreformatorischer Zeit wurde ein reiches Brauchtum zum Nikolausfest zelebriert. Als Patron der Seeleute und Schiffer war der heilige Nikolaus besonders in den Hansestädten und Häfen beliebt. Nikolaus ist aber auch der Schutzpatron der Schüler, der Kinder und der unschuldig Bedrängten. Sein Heiligenfest wurde am 6. Dezember gefeiert. An diesem Tag endete einst das Schuljahr der Bremer Dom- und Klosterschüler. Die Schüler hatten schulfrei und veranstalteten Umzüge, bei denen es ihnen einen „Heidenspaß" machte, milde Gaben von der Bevölkerung zu fordern.

An diesem Tag wurde auch der „Kinderbischof" gefeiert, obwohl dieser Brauch seit dem 9. Jahrhundert verboten war. Ein Überbleibsel aus dieser Zeit ist vielleicht auch das Nikolauslaufen in Bremen, denn bereits die Akteure des Kinderbischofspiels liefen völlig unkenntlich „in larvis". Auch heute noch ziehen Kinder am 6. Dezember von Geschäft zu Geschäft, um Gaben zu heischen. „Jungs und Deerns" singen Lieder und sagen kleine Sprüche auf.

War früher das Nikolauslaufen den Kindern aus den ärmeren Vororten vorbehalten, so beteiligen sich etwa seit dem Zweiten Weltkrieg alle Kinder an dem bunten Treiben. Heute ziehen sie, ausgestattet mit einem Büdel (Beutel), sogar ohne Verkleidung, geschminkt, als Engel, in Lumpen oder aber verkleidet wie zu Fasching durch die Einkaufsstraßen. Mittlerweile engagieren die Geschäftsleute Nikoläuse, die sich vor den Geschäften postieren und die eiligen Nikolausläufer mit Süßigkeiten versorgen. In manchen Einkaufszentren hat sich eine neue Tradition entwickelt. Schon Tage vorher dürfen die Kinder einen Stiefel bringen, der dann reich gefüllt am Nikolaustag von einem Nikolaus feierlich und werbewirksam verteilt wird.

Nikolas, de gode Mann
Kloppt an alle Dören an
Kleene Kinder schenkt er wat
Grode Kinder steckt er in'n Sack,
Halli, halli, hallo, so geiht't na Bremen to.

Bremen is ne groote Stadt,
Dor geevt se alltosamen wat;
De Appel un de Beeren,
De köönt wi goot vertehren.

Doch wenn Nikolausläufer nicht belohnt werden, müssen sich geizige Leute folgenden Schlussvers anhören:

Witten Tweern, swatten Tweern,
giezige Lüde geevt nich geern.
Halli, halli, hallo, so geiht't na Bremen to.

Mandelspekulatius

Spekulatius ist ein typisches Nikolausgebäck. Früher beschenkten die Bremer Bäcker die Sunnerklausläufer auch gerne mit selbst gebackenem Spekulatius. Das Gebäck stammt vermutlich ursprünglich aus den Niederlanden.
Spekulatius ist ein Gebildbrot. Die typischen Figuren entstehen, indem der Teig in die aus Birnholz geschnitzten Models gedrückt wird.

125 g Butter, 125 g Zucker, 1 Ei, 100 g gemahlene Mandeln, je ¼ Teelöffel Kardamom, gemahlene Nelken, Macisblüte, Ingwer, Salz, 1 Teelöffel Zimt, ½ Teelöffel Kakao, 250 g Mehl, etwas Stärkemehl, gehobelte Mandeln, etwas Milch

Die zimmerwarme Butter mit dem Zucker zu einer cremigen Masse verrühren. Das Ei und die gemahlenen Mandeln dazugeben und vermengen. Die Gewürze unter das gesiebte Mehl rühren und das Ganze rasch tassenweise unterrühren. Den Teig in Klarsichtfolie einrollen und sechs Stunden im Kühlschrank ruhen lassen. Danach den Teig etwa 4 mm dick ausrollen, mit etwas Stärkemehl bestäuben, leicht verreiben und in die Spekulatiusfomen drücken. Den überstehenden Teig mit einem Messer oder mit Draht direkt am Model abschneiden. Die

Figuren aus der Spekulatiusform klopfen und auf ein mit Butter gefettetes, mit gehobelten Mandeln bestreutes Blech oder auf Backpapier legen. Kurz kalt stellen. Mit Milch bepinseln und auf mittlerer Schiene bei 170 bis 200 °C im vorgeheizten Ofen etwa 10 Minuten knusprig backen. In Blechdosen aufbewahrt, halten sich Spekulatius wochenlang frisch.

Tipp: Wer kein Holzmodel besitzt, kann die Plätzchen auch mit anderen Weihnachtsbackförmchen ausstechen und backen.

Knusprige Schokoflocken

1 Tafel Zartbitterschokolade, 1 Tafel Vollmilchschokolade, 150 g Erdnüsse (oder Mandelstifte), 100 g Cornflakes

Die Schokolade wird im Wasserbad mit 1 Esslöffel Wasser geschmolzen. Anschließend werden die anderen Zutaten untergerührt und mit Hilfe von 2 Teelöffeln zu kleinen Häufchen geformt, auf Papier-Backförmchen gesetzt und im Kühlschrank kalt gestellt.

Rosinenplätzchen

200 g Butter, 125 g Puderzucker, 1 Päckchen Vanillezucker, 2 Eigelb, 2 gehäufte Esslöffel Mehl, 2 Esslöffel Milch, 100 g gehackte Mandeln, 150 g Rosinen, Puderzucker zum Bestreuen

Butter schaumig rühren, den gesiebten Puderzucker, Vanillezucker und Eigelb dazugeben und das Ganze verrühren. Nach und nach Mehl und Milch unterrühren. Zum Schluss die Mandeln und die Rosinen dazugeben. Mit zwei Teelöffeln die Rosinenplätzchen mit etwas Abstand voneinander auf ein mit Backpapier ausgelegtes Backblech setzen. Die Plätzchen bei 180 °C circa 20 Minuten backen. Plätzchen fünf Minuten auf dem Blech abkühlen lassen und vorsichtig auf ein Kuchengitter setzen. Nach dem Erkalten werden sie mit Puderzucker bestreut.

Tipp: Übrig gebliebenes Eiweiß kann zum Backen von Zimtsternen oder Makronen verwendet werden.

Mandelmonde

250 g gemahlene Mandeln werden mit 250 g Zucker, 250 g Butter, 375 g Mehl, etwas abgeriebener Zitronenschale, 1 Kaffeelöffel Zimt und 2 Eiern gut zusammengeknetet.
Den Teig eine Stunde im Kühlschrank ruhen lassen, dann etwa 5 mm dick ausrollen und mit einer Halbmondform ausstechen, über Nacht stehen lassen und bei 175 °C hellgelb backen. Die Hälfte der Monde mit Marmelade bestreichen, je einen unbestrichenen Mond daraufsetzen.

Dattelmakronen

Die Herstellung von Dattelmakronen ist eine äußerst klebrige Angelegenheit, den fertigen fruchtigen Dattelmakronen ist dies aber nicht mehr anzumerken.

100 g Datteln, 2 Eiweiß, 120 g Zucker,
150 g gemahlene Mandeln, ½ Teelöffel gemahlener Kardamom, ½ Teelöffel gemahlener Zimt,
ein guter Schuss Zitronensaft, Backobladen

Die Datteln werden von den Kernen befreit und in kleine Stückchen geschnitten. Eiweiß mit dem Zucker zu steifem Schnee schlagen. Die Mandeln und die Datteln unterheben. Gewürze und Zitronensaft hinzugeben. Die Dattelmasse auf die Backobladen streichen und bei 160 °C auf Backpapier circa 15 Minuten backen.

Variante: Die Dattelmasse auf rechteckige Backobladen streichen. Nach dem Backen, solange das Gebäck noch warm ist, vorsichtig in Streifen schneiden.

Nuss- und Kokosmakronen

4 Eiweiß, 250 g Zucker, 2 Esslöffel Vanillezucker, 250 g Haselnüsse oder gemahlene Mandeln oder Kokosflocken, etwas Zitronen- oder Orangensaft oder abgeriebene unbehandelte Zitronen- oder Orangenschale, Obladen

Das Eiweiß zu steifem Schnee schlagen, mit Zucker, Vanillezucker, Zitronen- oder Orangensaft oder abgeriebener Zitronen- oder Orangenschale vermischen und zum Schluss die gemahlenen Nüsse oder Kokosflocken unterrühren. Den Teig mit Hilfe von zwei Teelöffeln auf die Obladen setzen. Die Makronen im vorgeheizten Backofen auf mittlerer Schiene bei 130 C° etwa 20 Minuten backen. Zunächst offen lagern.

Heiße Getränke und Liköre

Früchte-Punsch

Dieser Früchte-Punsch ist auch für Kinder geeignet und natürlich für alle, die keinen Alkohol mögen.

3 Esslöffel Früchtetee, 2 Stangen Zimt, 750 ml Wasser, 200 ml Orangensaft, 200 ml Holundersaft, 200 ml Johannisbeersaft, etwas Honig zum Süßen

Zum Dekorieren: *eine unbehandelte Orange*

Den Früchtetee und die Zimtstangen in eine vorgewärmte Kanne geben und mit kochendem Wasser übergießen. Die Fruchtsäfte in einem Topf erhitzen, aber nicht kochen. Den Früchtetee durch ein Sieb geben, zum heißen Saft gießen und mit Honig süßen. Das Getränk in Teegläser füllen und mit einer Orangenscheibe dekorieren.

Eiergrog

Eiergrog und Glühwein sind die Lieblingsgetränke vieler Weihnachtsmarktbesucher. Viele Firmen und Vereine beginnen ihren Betriebsausflug mit diesen wärmenden Getränken. Hier treffen sich Freunde Arbeitskollegen und Geschäftspartner traditionell an ihrem Glühweinstand und tauschen Neuigkeiten aus. Anschließend schlendern sie in bester Laune über den Weihnachtsmarkt.

Für vier Gläser Eiergrog brauchen Sie:

4 Eigelb, 4 Esslöffel Zucker, 8 cl echten Rum, nach Belieben 4 cl Eierlikör

Zunächst Eigelb und Zucker schaumig geschlagen und den Rum darunter rühren. Das Ganze auf vier hitzebeständige Gläser verteilen und mit kochendem Wasser auffüllen und umrühren. Wer möchte, kann den Eiergrog noch mit Eierlikör verfeinern.

Glühwein

1 Flasche Rotwein wird mit Zitronenschale, etwas Zimt, einigen Nelken und 80-100 g Zucker fast bis zum Kochen erhitzt. Die Gewürze werden vor dem Servieren entfernt. In die Gläser gibt man eine Zitronenscheibe.

Ziemlich steifer Grog

Man kocht 200 g Zucker in ½ l Wasser und gibt dann ½ l echten Rum hinzu.

Bremer Rotwein-Punsch

Diesem Punsch wird nachgesagt, er vertreibe Kälte und Trostlosigkeit.

2 Flaschen Rotwein, ½ Flasche Jamaica-Rum,
250 g Zucker, ¼ Liter Wasser, 1 Zitronenschale,
3 ganze Nelken, 1 Zimtstange

Den Zucker in Wasser auflösen, bis die Flüssigkeit klar ist, dann die übrigen Zutaten hinzufügen und erhitzen, aber nicht kochen. Den Punsch glühend heiß servieren.

Silvester-Punsch

(aus dem handgeschriebenen Kochschulheft von Elise Gesine Wessels)

Der Punsch wird am besten in einem irdenen Topf zubereitet. ¾ Pfund weißer Kandis mit 1 Flasche Wasser kochen, dann ½ Flasche Rum, 1 Flasche Weißwein und noch 1 Flasche Wasser hinzufügen und erhitzen. Der Silvester-Punsch darf nicht kochen.

Eierlikör

6 Eigelb schaumig rühren, ½ l Milch, 500 g Puderzucker, 1 Stange Vanille und ½ l Doppelkorn hinzufügen, gut verrühren, in Flaschen füllen. Vor Gebrauch einige Tage stehen lassen und im Kühlschrank aufbewahren.

Flammende Orange

Ebenso wie der Duft von Tanne und Kerzen gehört auch der Duft von Orangen zu den wohligen Düften, die uns an gemütliche Weihnachtsabende erinnern. Doch einst, als Orangen und Gewürznelken noch ein ungeheurer Luxus waren, konnten es sich nur reiche Familien leisten, Orangen mit „Näglein" (Gewürznelken) zu bestecken. Dieses Arrangement verbreitete wochenlang weihnachtlichen Duft.
Für die Zubereitung dieses Heißgetränkes wird die Orange nicht nur wie früher mit kostbaren „Näglein" besteckt, als flammende Orange ist sie auch ein besonderer Genuss für den Betrachter.

1 Orange mit unbehandelter Schale, 16 Gewürznelken, je 1 Teelöffel Orangenschalen-, Zitronengranulat, 50 g Zucker, 6 cl Cointreau, 1 l starken Kaffee, 6 cl Cognac (oder Weinbrand)

Die Orange waschen, abtrocknen und mit den Nelken spicken. Orangen- und Zitronengranualat mit Zucker und Cointreau auf einem Rechaud in einem Topf erhitzen, bis der Zucker geschmolzen ist. Kaffee hinzufügen.
Die gespickte Orange in eine Schöpfkelle legen. Cognac erhitzen und dazugießen, flambieren, die flammende Orange in den Kaffee gleiten und noch einige Minuten darin ziehen lassen.

Orangenlikör

3 unbehandelte Orangen, 2 unbehandelte Zitronen, 50 g ungeschwefelte, getrocknete Aprikosen, 20 g getrocknete Orangenblüten (in Apotheken erhältlich), 200 g Zucker, 1½ l Wodka (50 %)

Die Früchte mit lauwarmem Wasser gründlich abbürsten und mit einem Sparschäler hauchdünn schälen. Die Schalen an einem luftigen Ort etwa 2 Wochen trocknen lassen. Die Aprikosen sehr fein hacken und zusammen mit den Orangen- und Zitronenschalen sowie den Orangenblüten, dem Zucker und dem Wodka in eine große, dickbauchige Flasche geben. Die Flasche gut verschließen und an einem hellen Ort aufbewahren. Der Likör sollte aber nicht in der prallen Sonne stehen. Hin und wieder schütteln. Den Likör durch ein mit einem Mulltuch ausgelegtes Sieb gießen und in kleinere Flaschen umfüllen. Bei Zimmertemperatur aufbewahren.

Die Bremer Eiswette

Am 6. Januar, dem Dreikönigstag, endet in Bremen die Weihnachtszeit mit einer heiteren Zeremonie: Am ehemaligen Punkendeich, einem Abschnitt des Osterdeichs, erscheinen die Heiligen Drei Könige, begleitet von Herren in Zylinder oder steifer Melone und einem spitzbärtigen Schneiderlein in gelbgrünem Biedermeierfrack. Das dürre Eiswettschneiderlein darf nur 99 Pfund wiegen. Es trägt ein glühendes Bügeleisen, mit dem es versuchen soll, trockenen Fußes die Weser zu überqueren. Nach einer Tradition aus dem Jahre 1829 soll es überprüfen, ob die Weser zugefroren ist oder nicht.

Ob die Weser „steiht" oder „geiht" war einst für Schifffahrt und Handel von schicksalhafter Bedeutung. Hunderte von Schaulustigen beobachten, wie sich die illustren Herren, einem strengen Ritual folgend, dabei humorvoll und kritisch zu den großen politischen Fragen unserer Zeit und dem Leben in der Hansestadt äußern.

Da heutzutage die Weser nicht mehr zufriert, teilt sich die Eiswettgesellschaft in zwei Gruppen. Das Los entscheidet, welche Gruppe für „Weser offen" und welche für „Weser zu" zu wetten hat. Die Verlierer zahlen einen Betrag in die gemeinsame Kasse. Wie einst verzehren sie am dritten Sonnabend im Januar mit ihren Gästen beim Eiswett-

Stiftungsfest das alte Nationalgericht Kohl und Pinkel. Die Einladung zur Eiswette nach Bremen hat einen hohen Stellenwert. Hier werden Freundschaften gepflegt und Kontakte mit Geschäftspartnern geknüpft. Das beim Eiswettfest gesammelte Geld kommt stets der Deutschen Gesellschaft zur Rettung Schiffbrüchiger zugute. Auch das pfiffige Eiswettschneiderlein mit seinem Bügeleisen braucht bei der Überprüfung der Weser am Dreikönigstag keine nassen Füße zu befürchten. Es wird mit Hilfe eines Seenotkreuzers der Deutschen Gesellschaft zur Rettung Schiffbrüchiger oder dessen Tochterboot über die nicht zugefrorene Weser gebracht.

„Wer Kurs auf einen Stern nimmt, wankt nicht.“

Leonardo Da Vinci

Register

Suppen

Fleischgerichte und Geflügel

a) Fleischgrichte

b) Geflügel

Fisch und Wild

a) Fisch

b) Wild

Gemüse und Salate

a) Gemüse

Dessserts

Kuchen und Gebäck

Köstliches vom Weihnachtsmarkt

Plätzchen

Heiße Getränke